看護師の日常業務で知っておきたい法的ポイントQ&A

編著 荒井 俊行（弁護士）

新日本法規

は　し　が　き

　看護師国家試験の合格者は5万人を超え（厚生労働省発表資料によると令和3年は5万9769人）、全国で毎年多くの新人看護師が誕生しています。

　看護師として働く際には、本来的な看護業務のみならず、現場で生じる様々な問題に対して適切に対処することが求められます。特にコンプライアンスの徹底が求められる昨今においては、あらゆる場面において法的にも倫理的にも妥当な行動をとることの重要度が高まっています。そのためには、民法や個人情報保護法などの法的知識についても、必要な範囲で身に付ける必要があります。

　一方、看護を提供する現場は、極めて多忙であり、法的知識に関する教育に多くの時間を割くことは困難なのが実情であると思われます。

　そこで、本書は、若手看護師やその指導に当たる先輩看護師、看護師を志す学生諸氏に向けて、看護師が現場で遭遇することが予想される問題をQ＆A形式で取り上げ、法的観点からどのような対応をとることが求められるか解説しています。

　もとより網羅的な設例ではなく、不足は多々あるものと存じますが、本書が日々現場で尽力されている看護師の皆様の一助となりましたら幸いです。最後に、本書の編集にご協力いただいた関係者の皆様に、この場を借りて心より御礼申し上げます。

令和4年2月

弁護士　荒井　俊行

編集・執筆者一覧

<編集者>

荒井　俊行（弁護士）

<執筆者>（五十音順）

荒井　俊行（弁護士）

佐藤　八重子（看護師）

三井　睦貴（弁護士）

横田　重信（弁護士・薬剤師）

略　語　表

<法令等の表記>

　根拠となる法令等の略記例及び略語は次のとおりです（〔　〕は本文中の略語を示します。）。

　　保健師助産師看護師法第14条第1項第1号＝保助看法14①一

　　令和2年1月15日厚生労働省告示第5号＝令2・1・15厚労告5

　　令和2年3月5日保医発0305第2号＝令2・3・5保医発0305第2

保助看法	保健師助産師看護師法
育介法	育児休業、介護休業等育児又は家族介護を行う労働者の福祉に関する法律
育介規	育児休業、介護休業等育児又は家族介護を行う労働者の福祉に関する法律施行規則
医療	医療法
医療規	医療法施行規則
介護老人保健施設基準	介護老人保健施設の人員、施設及び設備並びに運営に関する基準
介保法	介護保険法
刑	刑法
刑訴法	刑事訴訟法
高年雇用	高年齢者等の雇用の安定等に関する法律
高齢者虐待防止法	高齢者虐待の防止、高齢者の養護者に対する支援等に関する法律
個人情報法〔個人情報保護法〕	個人情報の保護に関する法律
個人情報令	個人情報の保護に関する法律施行令
児童虐待防止法	児童虐待の防止等に関する法律
障害者虐待防止法	障害者虐待の防止、障害者の養護者に対する支援等に関する法律
短時有期	短時間労働者及び有期雇用労働者の雇用管理の改善等に関する法律

男女雇用機会均等法	雇用の分野における男女の均等な機会及び待遇の確保等に関する法律
同一労働指針	短時間・有期雇用労働者及び派遣労働者に対する不合理な待遇の禁止等に関する指針
配偶者暴力法	配偶者からの暴力の防止及び被害者の保護等に関する法律
民	民法
労基法	労働基準法
労基規	労働基準法施行規則
労災法	労働者災害補償保険法
労働施策推進	労働施策の総合的な推進並びに労働者の雇用の安定及び職業生活の充実等に関する法律
労派遣	労働者派遣事業の適正な運営の確保及び派遣労働者の保護等に関する法律

＜判例の表記＞

　根拠となる判例の略記例及び出典の略称は次のとおりです。

　最高裁判所令和2年2月28日判決、判例タイムズ1476号60頁
　＝最判令2・2・28判タ1476・60

判時	判例時報
判タ	判例タイムズ
家月	家庭裁判月報
労判	労働判例

目　　次

第1章　患者・家族への応対に関する法的 ポイント

ページ

Q 1　療養上の世話について患者の同意が必要？ ……………………3

Q 2　医療同意は成年後見人から得れば大丈夫？ ………………………6

Q 3　児童虐待やDV被害を見付けたときは？ ………………………9

Q 4　障害者虐待や高齢者虐待を見付けたときは？ …………………12

Q 5　患者の外見と性別に違和感を感じたときは？ …………………16

Q 6　罵声を浴びせてくる患者を診療拒否できる？ …………………19

Q 7　迷惑な入院患者を強制退院させられる？ ………………………22

Q 8　異性の患者に対するケアで身体的接触が必要なときは？ ……25

Q 9　患者の私物を壊してしまったときは？ …………………………28

Q10　患者がナースコールを連打するときは？ ………………………31

Q11　患者同士が喧嘩してしまったときは？ …………………………34

Q12　身元保証人がいない患者が入院するときは？ …………………37

Q13　認知機能に疑いのある患者が退院するときは？ ………………40

Q14　退院する子供の両親が別居しているときは？ …………………42

Q15　実害のない与薬ミスも患者への報告が必要？ …………………45

Q16　延命措置について患者本人の意思を確認できないとき は？ ……………………………………………………………………48

Q17　宗教団体が遺体を引き取りに来たときは？ ……………………51

Q18　引き取り手のない遺体は？ ………………………………………53

Q19　病室から遺言書が発見されたときは？ …………………………55

第2章　情報管理に関する法的ポイント

Q20　患者の家族から看護記録の開示を求められたときは？………61

Q21　警察から入院患者について尋ねられたときは？……………64

Q22　学校から入院患者の回復状況を聞かれたときは？…………67

Q23　感染症について配偶者には言わないでほしいと頼まれ
　　　たときは？………………………………………………………70

Q24　見舞客から患者の病室を聞かれたときは？…………………75

Q25　離婚して親権のない親に病状説明をしても大丈夫？………77

Q26　患者との記念写真をSNSに投稿しても大丈夫？……………80

Q27　自分の家庭内で担当患者のことを話しても大丈夫？………83

Q28　処方された薬を紛失して届出をするときは？………………85

第3章　他職種との協働に関する法的ポイント

Q29　医師の指示内容に疑問を感じたときは？……………………91

Q30　以前勤めていた病院では医師が行っていた業務を指示
　　　されたときは？………………………………………………94

Q31　新人看護師でもベテラン准看護師に指示をする？…………99

Q32　経験の浅い看護補助者に患者の清拭を担当させても大
　　　丈夫？………………………………………………………101

Q33　介護福祉士なら喀痰吸引を担当させても大丈夫？…………105

第4章　働き方に関する法的ポイント

Q34　同僚看護師に無視されるようになったときは？……………111

Q35　患者の前で新人看護師を叱っても大丈夫？…………………114

Q36　病院の備品を壊してしまったときは？……………………118

Q37　准看護師と看護師の待遇差は許される？……………………121

Q38　准看護師がネームプレートに「看護師」と記載しても
　　　大丈夫？………………………………………………………124

Q39　業務中に自分のミスでケガをしたときは？………………126

Q40　看護師も副業できる？………………………………………130

Q41　うつ病になってしまったときは？…………………………134

Q42　契約社員と正職員の違いは？………………………………137

Q43　外国で免許を取得した看護師が日本で働くためには？……140

Q44　病院では何歳まで働ける？…………………………………143

Q45　妊娠したときの働き方は？…………………………………146

Q46　産休・育休を取得するときは？……………………………149

Q47　親の介護のため休業するときは？…………………………152

Q48　病院の指示で休日に研修に参加したときは？……………155

Q49　交通事故で罰金刑を受けたときは？………………………158

第5章　医療過誤に関する法的ポイント

Q50　医療過誤訴訟で看護記録はどう使われる？………………163

Q51　患者から医療過誤の賠償金を請求されたときは？…………167

Q52　勤務先から医療過誤の賠償金を請求されたときは？………171

Q53　医療過誤で刑事告訴されるとどうなる？…………………174

Q54　医療過誤が刑事事件になってしまったときは？……………178

第 1 章

患者・家族への応対に関する
法的ポイント

2

Ｑ１　療養上の世話について患者の同意が必要？

　手術などの際に、患者の同意（ＩＣ）が必要ということは知っていますが、療養上の世話についても患者の同意を得る必要があるのでしょうか。

ポイント

◇医療法や患者の自己決定権の理念から、療養上の世話についても患者の意思を尊重し、理解を得るように努める
◇療養上の世話であっても、軽度の出血などの結果を必然的に伴う場合があるところ、そうした場合に違法性を否定するためには、患者の承諾（少なくとも承諾が推定できること）が必要である

Ａ

◆医療法の理念と自己決定権

　医療法は、「医師、歯科医師、薬剤師、看護師その他の医療の担い手は、医療を提供するに当たり、適切な説明を行い、医療を受ける者の理解を得るよう努めなければならない」（医療1の4②）と規定しています。したがって、手術などの侵襲を伴う医療に限らず、療養上の世話に当たっても、適切な説明を行い、患者の理解を得るように努めることが重要です。

　また、療養上の世話について、手術の際と同様のレベルの説明・同意までは一般的に不要ですが、実質的に患者の自己決定権に資するためにも、できるだけ患者本人の意思を尊重した対応を行うことが望ましいといえます。

◆正当業務行為と患者の承諾

　療養上の世話であっても、例えば口腔ケア等の際に、どんなに注意の限りを尽くしたとしてもやむなく軽度の出血を伴うこともある等、患者に対して法的観点から「傷害」と評価されるような結果を必然的に生じさせる場合もあり得ます。

　もちろん、正当な看護行為であれば、そうした場合でも正当業務行為として違法性が否定されますが（過失がある場合の問題は別です。）、そのためには、原則として患者の承諾が必要と考えられています。

　この点に関して、爪ケアについて傷害罪が問題となった裁判例では、「正当業務行為性の判断枠組みとしては、一般に、行為の目的だけでなく、手段・方法の相当性を含む行為の態様も考慮しつつ、全体的な見地から、当該行為の社会的相当性を決定すべきと解されるところ、これを本件のような看護師が患者の爪を切り、爪床を露出させる行為について具体化すると、当該行為が、①看護の目的でなされ、②看護行為として必要であり、手段、方法においても相当な行為であれば、正当業務行為として違法性が阻却されるというべきである（②の要件を満たす場合、特段の事情がない限り①の要件も満たすと考えられる）。なお、患者本人又はその保護者の承諾又は推定的承諾も必要」であると判示されています（福岡高判平22・9・16判タ1348・246）。

　そして、この裁判例では、正当業務行為といえるために必要な承諾について、「一般に入院患者の場合は、入院時に示される入院診療計画を患者本人又は患者家族が承認することによって、爪ケアも含めて包括的に承諾しているものとみることができ、本件でもその承諾があるから、本件行為についての個別的な承諾がないことをもって正当業務行為性は否定されない」とも判示しています。

　逆にいえば、この裁判例によれば、個別的な承諾がないからといって直ちに正当業務行為性が否定されることはないとしても、包括的承

諾や推定的承諾すら認められないような場合には、傷害罪等の法的責任を問われる可能性が否定できないということになります。

　したがって、特に、軽度出血などを必然的に伴い得るケアについては、その適法性を担保する観点から、やはり患者の承諾を得ること、少なくとも患者の推定的承諾が認められる状況であることを確保することが必要と考えられます。この観点から、例えば、入院診療計画や看護計画等を十分に説明して承諾を得たことを記録しておく等といった対応を行うことも重要です。

✿　先輩看護師からのアドバイス　✿

　実際の例としては、患者が入院されると、医師や看護師などが記載した入院診療計画書の説明を行い配布します。また、立案した看護計画は、その都度、患者に説明して同意を得るようにしています。電子カルテの場合には、印刷をして、患者に説明した後にサインをいただくようにしています。

Q2　医療同意は成年後見人から得れば大丈夫？

　家庭裁判所が選任した成年後見人がいるお年寄りに対する医療を提供するための同意は、成年後見人から得ればよいのでしょうか。

ポイント

◇成年後見人には医療同意権はない

◇医療同意はあくまで患者本人から得るようにし、患者本人の意思が確認できない場合は、家族等と話し合って患者本人にとっての最善の方針を決め、家族等がいないときは医療職や成年後見人、ケアマネジャー等、患者に関わる者が話し合って患者本人の最善の方針を決める

A

◆成年後見人とは

　成年後見人とは、認知症、知的障害、精神障害などによって、判断する能力が欠けているのが通常の状態の人について、家庭裁判所が、本人を援助するために選任した人のことです。成年後見人は、家庭裁判所が選任するものであることから、本人の親族であるとは限らず、弁護士等の第三者である場合があります。

　そして、成年後見人は、本人の意思を尊重し、その心身の状態及び生活状況に配慮しながら、必要な代理行為を行い、本人の財産を適正に管理する役割を担います（民858・859等）。例えば、成年後見人は、本人のために診療・介護・福祉サービスなどの利用契約を結んだり、本人の預貯金や不動産といった財産の管理を行います。

◆医療と成年後見人の権限

　医療を提供する際に患者の意思が問題となり得る場面としては、広く捉えるならば、①診療契約を締結する場面と、②手術などの医療行為に対する患者の同意を得る場面、の二つが考えられます。そして、この二つは法的に全く性質が異なるものであるため、区別して考える必要があります。

　まず、①診療契約の締結については、前述のように成年後見人が権限を持っていますので、成年後見人が患者本人に代わって行うことができます。

　しかし、②医療行為に対する同意については、成年後見人に権限はなく、成年後見人が患者本人に代わって同意するということはできないと考えられています。

◆医療行為に対する同意はどうするか

　医療行為に対する同意権は、あくまでも患者本人にありますので、本人に同意能力が認められる限り、本人に対して説明の努力を尽くして同意を得ることが原則になります。

　しかし、患者本人が同意能力を欠いている場合、本人から有効な同意を得ることは事実上できず、かつ、その場合にどうすべきかについて明確に規定した法律もありません。

　もっとも、厚生労働省の「人生の最終段階における医療・ケアの決定プロセスに関するガイドライン」（平19・5・21医政発0521011）や「身寄りがない人の入院及び医療に係る意思決定が困難な人への支援に関するガイドライン」（令元・6・3医政総発0603第1）等を参考にすれば、意思決定が求められる時点で本人の意思が確認できない場合、次の考え方を踏まえて、成年後見人等を含む関係者や医療・ケアチームの中で慎重な判断を行う必要があるとされています。

「①　家族等が本人の意思を推定できる場合には、その推定意思を尊

　重し、本人にとっての最善の方針をとることを基本とする。

②　家族等が本人の意思を推定できない場合には、本人にとって何が最善であるかについて、本人に代わる者として家族等と十分に話し合い、本人にとっての最善の方針をとることを基本とする。時間の経過、心身の状態の変化、医学的評価の変更等に応じて、このプロセスを繰り返し行う。

③　家族等がいない場合及び家族等が判断を医療・ケアチームに委ねる場合には、本人にとっての最善の方針をとることを基本とする。

④　このプロセスにおいて話し合った内容は、その都度、文書にまとめておく」

　なお、直ちに救命措置を必要とするような緊急の場合には、柔軟に対応する必要があるとされています。

Q3　児童虐待やDV被害を見付けたときは？

　打撲傷の治療に来られた患者が、他にも体に殴られたような打撲痕が多数あり、家庭内で日常的に暴力を受けている疑いがあります。このような場合、どこに報告すればよいでしょうか。また、子供が親から暴力を受けているケースと、配偶者から暴力を受けているケースでは、報告に当たって違いがありますか。

ポイント

◇児童虐待を受けたと思われる児童を発見した場合は、速やかに福祉事務所又は児童相談所に通告しなければならない

◇医療関係者が、その業務において配偶者からの暴力により負傷したと認められる者を発見したときは、原則として被害者の明示的な同意を得た上で、配偶者暴力相談支援センター又は警察官に通報する

A

◆児童虐待のケース（児童虐待の防止等に関する法律）

　児童の保護者が、その監護する児童に対し、「児童の身体に外傷が生じ、又は生じるおそれのある暴行を加えること」は、「児童虐待の防止等に関する法律」における「児童虐待」に該当します（児童虐待防止法2一）（なお、身体的虐待のほか、性的虐待、ネグレクト、心理的虐待も「児童虐待」に該当します（児童虐待防止法2二〜四）。）。

　同法において、病院や医師、看護師は、「児童虐待を発見しやすい立場にあることを自覚し、児童虐待の早期発見に努めなければならない」

とされており（児童虐待防止法5①）、児童虐待を受けたと思われる児童
を発見した場合は、速やかに、市町村や都道府県の設置する福祉事務
所、又は児童相談所に通告しなければならないとされています（児童虐
待防止法6①）。

　なお、この通告義務については、刑法の秘密漏示罪やその他の守秘
義務に関する法律の規定により妨げられないとされていますので（児
童虐待防止法6③）、通告によって保助看法上の守秘義務に違反すると
いうことはありません。

◆配偶者等からの暴力のケース（配偶者からの暴力の防止及び被害者の保護等に関する法律）

　「配偶者からの身体に対する暴力（身体に対する不法な攻撃であっ
て生命又は身体に危害を及ぼすもの）又はこれに準ずる心身に有害な
影響を及ぼす言動」は、「配偶者からの暴力の防止及び被害者の保護等
に関する法律」における「配偶者からの暴力」に該当します（配偶者暴
力法1①）。ここでいう「配偶者」には、婚姻の届出はしていないものの
事実上婚姻関係と同様の事情にある者も含まれます（配偶者暴力法1③）。
また、生活の本拠を共にする交際相手から身体に対する暴力を受けた
者についても準用されます（配偶者暴力法28の2）。

　配偶者からの暴力を受けている者を発見した場合には、その旨を都
道府県や市町村が設置する配偶者暴力相談支援センター又は警察官に
通報するよう努めなければならない（努力義務）とされています（配偶
者暴力法6①）。

　看護師や医師等の医療関係者が、その業務において、配偶者からの
暴力によって負傷又は疾病にかかったと認められる者を発見した場合
も、上記配偶者暴力相談支援センターや警察官に通報をすることがで
きますが、「配偶者からの暴力の防止及び被害者の保護等のための施

策に関する基本的な方針」（平25・12・26内閣府告1）では、医療関係者において「被害者の意思に反し通報が行われると、被害者の受診が妨げられたり、被害者の安全が脅かされるおそれ」もあるため、被害者が安心して医師の診断を受けられるように、通報に当たってはその者の意思を尊重するよう努め、「原則として被害者の明示的な同意が確認できた場合にのみ通報を行うことが望ましい」とされています（ただし、「被害者の生命又は身体に対する重大な危害が差し迫っていることが明らかな場合には、そのような同意が確認できなくても積極的に通報を行うことが必要」です。）。

　なお、これらの通報を行うことは、刑法の秘密漏示罪やその他の守秘義務に関する法律の規定により妨げられないとされていますので（配偶者暴力法6③）、保助看法上の守秘義務違反の問題は生じないのは児童虐待の通告の場合と同様です。

Q4　障害者虐待や高齢者虐待を見付けたときは？

　患者の腕や足に打撲痕があることに気が付きました。話を聞く
と、何か失敗をする度に、家族からたたかれているようです。患
者が障害者や高齢者のケースでは、どこに報告すればよいのでし
ょうか。また、他にどのような行為に注意すべきでしょうか。

ポイント

◇「養護者による障害者虐待」を受けたと思われる障害者を発見
　した場合は、速やかに市町村障害者虐待防止センターに通報し
　なければならない（18歳未満の場合は、福祉事務所又は児童相
　談所に通告しなければならない）

◇「養護者による高齢者虐待」を受けたと思われる高齢者を発見
　した場合は、速やかに市町村に通報するよう努める（生命又は
　身体に重大な危険が生じているケースでは、通報しなければな
　らない）

A

◆障害者虐待のケース（障害者虐待の防止、障害者の養護者に対
　する支援等に関する法律）

　障害者（身体障害、知的障害、精神障害（発達障害を含みます。）そ
の他の心身の機能の障害がある者であって、障害及び社会的障壁によ
り継続的に日常生活又は社会生活に相当な制限を受ける状態にあるも
の（障害者基本法2一））を現に養護する者（障害者福祉施設従事者等・障
害者を雇用する事業主等による虐待については別途規定されていま

す。）が、「障害者の身体に外傷が生じ、若しくは生じるおそれのある
暴行を加え、又は正当な理由なく障害者の身体を拘束すること」は、
「障害者虐待の防止、障害者の養護者に対する支援等に関する法律」
における「養護者による障害者虐待」に該当します（障害者虐待防止法2
⑥一イ）。

　虐待の類型としては、身体的虐待のほか、以下のものがあります（障
害者虐待防止法2⑥〜⑧）。
・性的虐待
　　障害者にわいせつな行為をすること又は障害者をしてわいせつな
　行為をさせること
・心理的虐待
　　障害者に対する著しい暴言又は著しく拒絶的な対応その他の障害
　者に著しい心理的外傷を与える言動を行うこと（福祉施設従事者や
　雇用事業主等においては不当な差別的言動も含まれます。）
・ネグレクト
　　障害者を衰弱させるような著しい減食又は長時間の放置、同居人
　等による身体的・性的・心理的虐待該当行為の放置等養護を著しく
　怠ること
・経済的虐待
　　当該障害者の財産を不当に処分することその他当該障害者から不
　当に財産上の利益を得ること（障害者の親族による場合も含まれま
　す。）
　同法において、医療機関や障害者の福祉に職務上関係のある者は、
「障害者虐待を発見しやすい立場にあることを自覚し、障害者虐待の
早期発見に努めなければならない」とされており（障害者虐待防止法6②）、
「養護者による障害者虐待」を受けたと思われる障害者を発見した場
合は、速やかに、市町村障害者虐待防止センターに通報しなければな

らないとされています（障害者虐待防止法7①）。

　なお、18歳未満の障害児に対する養護者虐待の場合は、児童虐待の防止等に関する法律により福祉事務所又は児童相談所に通告します（児童虐待防止法6①）。

　これらの通報については、刑法の秘密漏示罪やその他の守秘義務に関する法律の規定により妨げられないとされていますので（障害者虐待防止法7②）、通報によって保助看法の守秘義務に違反することはありません。

＜養護者による障害者虐待の具体的な例＞

身体的虐待	つねる、殴る、物を投げつける、移動させるとき無理に引きずる、部屋に鍵をかけて閉じ込める等
性的虐待	性的行為を強要する、排泄等の介助目的で下着のまま放置する、人前でおむつ交換する等
心理的虐待	障害に伴う言動等を嘲笑する、怒鳴る、人格をおとしめるような扱いをする、意図的に無視する等
ネグレクト	入浴や排泄の介助をしない、食事等を十分に与えない、必要な医療・福祉サービスを制限する等
経済的虐待	日常生活に必要な金銭を使わせない、本人の財産を無断で使用する等

（「市町村・都道府県における障害者虐待の防止と対応の手引き」（平24・4・3事務連絡））

◆高齢者虐待のケース（高齢者虐待の防止、高齢者の養護者に対する支援等に関する法律）

　高齢者（65歳以上の者（高齢者虐待防止法2①））に対する虐待については、「高齢者虐待の防止、高齢者の養護者に対する支援等に関する法律」

に規定されており、高齢者を現に養護する者（養介護施設従事者等による虐待については別途規定されています。）が「高齢者の身体に外傷が生じ、又は生じるおそれのある暴行を加えること」は「養護者による高齢者虐待」に該当します（高齢者虐待防止法2④一イ）。

その他、ネグレクト、心理的虐待、性的虐待、経済的虐待についても障害者虐待の場合と同様に規定されています。

病院や医師、高齢者の福祉に職務上関係のある者は、「高齢者虐待を発見しやすい立場にあることを自覚し、高齢者虐待の早期発見に努めなければならない」とされており（高齢者虐待防止法5①）、「養護者による高齢者虐待」を受けたと思われる高齢者を発見した場合は、当該高齢者の生命又は身体に重大な危険が生じているときには、速やかに、市町村に通報しなければならないとされています（高齢者虐待防止法7①）。なお、重大な危険が生じていないケースについては、通報に努めなければならない旨規定されています（高齢者虐待防止法7②）。これらの通報が、刑法の秘密漏示罪やその他の守秘義務に関する法律の規定により妨げられないとされていることは障害者虐待のケースと同様です（高齢者虐待防止法7③）。

Q5　患者の外見と性別に違和感を感じたときは？

　外来に来た患者の外見と記入された性別とに違和感がある場合、どのような点に留意すればよいでしょうか。

ポイント

◇患者がLGBT等である可能性について意識を持つ
◇特に、LGBT等である患者に対し、本人確認や呼び出しを行う
　場合は配慮をする
◇アウティングにならないよう情報の取扱いは慎重に行う

A

◆LGBTとは
　LGBTとは、女性同性愛者（Lesbian）、男性同性愛者（Gay）、両性愛者（Bisexual）、性自認を異にする者（Transgender）の頭文字をとった略称ですが、これらの方に限らず、性が定まっていない（Questioning）方をはじめとして、生物学的な性、性自認、恋愛対象や性的思考等において様々な価値観を有する方がいます（以下、性的少数者の方を合わせて「LGBT等」といいます。）。
　そこで、医療機関においても、受診した患者がLGBT等である可能性を踏まえた配慮が求められます。

◆被保険者証の記載について
　厚生労働省の通知「被保険者証の性別表記について」（平24・9・21保国発0921第1）によれば、「被保険者から被保険者証の表面に戸籍上の性別を記載してほしくない旨の申し出があり、やむを得ない理由がある

と保険者が判断した場合は、裏面を含む被保険者証全体として、戸籍上の性別が保険医療機関等で容易に確認できるよう配慮すれば、……被保険者証における性別の表記方法を工夫しても」よく、例として「被保険者証の表面の性別欄は『裏面参照』と記載し、裏面の備考欄に、『戸籍上の性別は男（又は女）と記載』」することが挙げられています。

　また、同様に厚生労働省の通知「被保険者証の氏名表記について」(平29・8・31保保発0831第3等) において、性同一性障害を有する方については、国民健康保険被保険者証等の表面に戸籍上の氏名と異なる氏名（以下「通称名」といいます。）の記載を希望する場合、申出により、表面に通称名を、裏面に戸籍上の氏名を記載する方法に変更することができるとされています。

　したがって、被保険者証が提出されている場合は、上述のような表記の工夫の有無を確認することが考えられます。

　なお、このように被保険者証の確認や、必要な配慮が可能なその他の方法によって性別を確認することも可能であることを踏まえて、受診時の問診票に性別記載欄を設けない等の工夫をしている医療機関もあるようです。

◆本人確認と呼び出しについて

　医療機関において適切な医療を提供するためには、医療安全の観点から、適正に本人確認を行う必要があります。一方で、LGBT等の方にとっては、人前で外見と異なる名前や本人の性自認と異なる名前で呼ばれることは苦痛を伴う場合がありますから、呼び出し等における本人確認方法については配慮が必要です。

　したがって、本設問のように、外来に来た患者の外見と記入された性別とに違和感がある場合、氏名で呼び出す形の医療機関においては、本人確認を行う際は、通称名で呼び出す、又は通称名の記載がなくと

も姓のみで呼び出し、他の患者等には分からないよう、声のボリューム等に配慮した上で、本人にフルネーム等の本人確認をする配慮が必要といえます。

◆アウティングの法的問題

　LGBT等の患者は、自身がLGBT等であることについて公表していない場合も多く、このような場合、正当な理由なく必要な医療従事者以外の方に知られることは、アウティング（本人の許可なく、性的少数者であることを他人に暴露すること）として、人格権侵害に当たります。裁判例においても、アウティングについて、「人格権ないしプライバシー権等を著しく侵害するものであって、許されない行為であることは明らか」と指摘されたものもあります（東京高判令2・11・25（平31（ネ）1620））。

　したがって、当該患者の同意なしに、同僚や他の患者を含む他者にLGBT等であることについて他言してはいけないのは当然ですが、呼び出し等において、アウティングにつながる対応とならないように留意する必要があります。

✿　先輩看護師からのアドバイス　✿

　入院に当たりどのようなニーズがあるか、そして病院としてどこまで対応可能かなどを患者と話し合い、対応していくことが必要です。実例として、戸籍上は男性、カルテ名も戸籍上の男性の名前での登録ですが、アイデンティティは女性というケースがありました。そのケースでは、例えば、患者確認方法について、声に出して確認するのがルールでしたが、声に出さずにラベルや伝票を指差し確認して実施する等の対応を工夫しました。

Q6　罵声を浴びせてくる患者を診療拒否できる？

　クリニックをよく受診される外来患者からちょっとしたことで
すぐに罵声を浴びせられるようになりました。その患者に対する
診療受付を拒否してもよいでしょうか。

ポイント

◇暴言は程度や態様等によっては犯罪行為であり、医療の場にお
　いても患者であるからといって正当化されるわけではない
◇暴言により診療の基礎となる信頼関係が喪失しているといえる
　ような場合には、クリニックとして診療受付を拒否できるが、
　緊急対応が必要な患者の場合には、原則として拒否できないの
　で留意する必要がある

A

◆罵声等の暴言は犯罪になる場合もある

　物理的な暴力にまで至らない場合であっても、罵声等の暴言は、そ
の程度や態様等によっては、侮辱罪（刑231）や名誉毀損罪（刑230）、威
力業務妨害罪（刑234）、脅迫罪（刑222）等の様々な刑事法規の対象とな
り得ます。

　そして、刑事法規の対象になるような暴言は、仮に、そのきっかけ
が看護師のミスによるものであったとしても、それによって正当化さ
れるものではありません。また、精神の病気等によって、いわゆる刑
事責任能力がないような患者を別とすれば、患者であるからといって
許されるものでもありません。

　当たり前ですが、医療の現場も法の下にあるのであり、一般社会に

おいて法的に許されない行為は、医療の現場においても許されないのが原則です。

　したがって、クリニックにおいても、受忍限度を超えた暴言等の反社会的な行為に対しては、場合によっては警察へ通報する等、いくら患者であったとしても毅然とした対応を行う必要があります。

◆応招義務と医療機関の責務

　では、罵声を浴びせるような患者への対応として、診療受付を拒否するということはできるでしょうか。この問題を考えるには、医師やクリニックへの診療の求めに対する適切な対応の在り方について理解する必要があります。

　この点について、厚生労働省医政局長通知（令元・12・25医政発1225第4）は、まず、医師は個人として、「診療に従事する医師は、診療治療の求があった場合には、正当な事由がなければ、これを拒んではならない」(医師法19①) という、いわゆる応招義務を負い、組織としての医療機関も、患者からの診療の求めに応じて、必要にして十分な治療を与えることが求められ、正当な理由なく診療を拒んではならないとしています。

◆診療受付の拒否が正当化される場合

　次に、前述の令和元年厚生労働省通知では、医療機関の対応としてどのような場合に患者を診療しないことが正当化されるか否か、また、医師個人の対応としてどのような場合に患者を診療しないことが応招義務に反するか否かについて、「最も重要な考慮要素は、患者について緊急対応が必要であるか否か（病状の深刻度）である」とした上で、「患者と医療機関・医師・歯科医師の信頼関係」についても重要な考慮要素であると指摘しています。

　そして、こうした考え方を踏まえて、暴言等の「患者の迷惑行為」については、「診療・療養等において生じた又は生じている迷惑行為の態様に照らし、診療の基礎となる信頼関係が喪失している場合には、新たな診療を行わないことが正当化される」等と整理されています。

　もっとも、患者が病状の深刻な救急患者である場合等、緊急対応が必要な場合には別途の整理によるとされており、迷惑行為による信頼関係の喪失は、診療拒否の正当事由として挙げられていませんので留意が必要です。

　したがって、本設問のように、罵声を浴びせてくる患者が、病状の安定している患者である等、緊急対応が不要な場合であって、かつ、患者のそのような迷惑行為によって診療の基礎となる信頼関係が喪失しているといえる場合であれば、診療の受付を拒否することができるものと考えられます。

✿　先輩看護師からのアドバイス　✿

　外来の診察室や急患室など医師や看護師が対応する場面で、患者が暴言を吐いたり、暴力的行為に出て危険を感じた場合の対応の実例としては、①「緊急コール」ができるような設備にして他の職員が駆け付けられるようなシステムを整備する、②暴力事件等発生時一斉放送「コードホワイト」（患者急変時一斉放送「コードブルー」などと同じ運用）などの対応で職員を危険から守る対策をする等があります。また、外来受診のたびに医師や看護師に威圧的な発言を繰り返したケースでは、顧問弁護士にも相談した上でその患者に対して文書で注意を通告した例があります。もし、患者の行為に迷惑や恐怖を感じているときは、遠慮なく所属施設に相談して、統一した対応をとってもらいましょう。

Q7　迷惑な入院患者を強制退院させられる？

　大声で怒鳴り散らしたり、無断で病院を抜け出す等の迷惑行為を繰り返す入院患者がいます。そのような行為は入院規則に違反しており、規則には強制退院条項もあります。そのような行為をされるとその度に業務に多大な負担が生じるのですが、強制退院条項を根拠にして強制的に退院させることはできますか。

ポイント

◇強制退院条項自体は基本的に有効

◇もっとも、強制的に退院させるには、入院規則違反の有無とは別に、医学的に入院治療の必要がないことが重要であることに留意する

A

◆強制退院条項の有効性について

　患者と病院の間には入院契約（又は、入院を伴う診療契約）が認められ、入院規則は入院契約における一種の契約条件と考えることができます。そして、入院規則における強制退院条項は、基本的に有効と考えられています。

　なお、旧厚生省は、「入院患者に対する強制退院措置について」（昭26・9・6医収484）において、「入院患者の症状が入院治療を必要としないと医師が診定した場合病院の管理者は患者の意に反しても退院を命ずることができると規定すること」、「患者の動言が病院の秩序を害すると認めた場合病院の管理者が患者の意に反し退院を命ずることができると規定すること」は、「法令及び公序良俗に違反するものでなくこれ

を内容とする院内規則等を規定しておき、入院に際しこれらを遵守することを条件として入院せしめることは差し支えない」としています。

　ただし、その運用に当たっては医業の本質に反することのないようにすべきとされている点には留意が必要です。

◆強制退院の可否と理由について

　強制退院が可能かは、法的には、入院契約を病院から一方的に終了させることができるか、という問題になります。なお、強制退院が可能だとしても、それは文字どおりの実力行使で退院させることを意味するわけではありませんので間違えないようにしてください。

　この問題について、これまでの裁判例では、医学的な入院治療の必要性を重視し、医師が入院治療の必要性がなくなったと診断した場合には、原則として、病院が患者に対して退院すべき旨の意思を表示することによって、入院契約は終了すると判断されています。

　例えば、怒号、無断外出、院内の禁煙区域での喫煙を繰り返す等、数々の迷惑行為をしていた入院患者に対して退院等を要求した事案において、裁判所は、これらの迷惑行為とは別に、「入院を伴う診療契約は、病院の入院患者用施設を利用して、患者の病状が、通院可能な程度にまで回復するように、治療に努めることを目的とした私法上の契約であり、医師が、患者の病状が、通院可能な程度にまで治癒したと診断した場合に、同診断に基づき病院から患者に対し退院すべき旨の意思表示があったときは、医師の上記診断が医療的裁量を逸脱した不合理なものであるなどの特段の事由が認められない限り、入院を伴う診療契約は終了し、患者は速やかに入院患者用施設である病室から退去する義務を負う」等と判示しています（岐阜地判平20・4・10（平18（ワ）238・平19（ワ）264）、名古屋高判平20・12・2（平20（ネ）440））。

　また、厚生労働省医政局長通知（令元・12・25医政発1225第4）においても、医療機関の対応として緊急対応が不要な患者を診療しないことが

正当化されるか否かといった問題について、「医学的に入院の継続が必要ない場合には、通院治療等で対応すれば足りるため、退院させることは正当化される」と整理されています。

　一方で、医学的に入院治療が必要である場合に、入院規則違反という理由のみで直ちに退院させることができるかについては、原則として消極的に考えざるを得ません。

◆本設問の場合

　以上のように、強制退院の可否は、医学的な入院治療の要否を基準に考える必要があります。本設問では、無断外出等の行為は、入院規則違反かもしれませんが、その問題とは別途、医学的に入院治療の必要なしと判断できるのであれば、強制退院させることが可能ということになります。

✿　先輩看護師からのアドバイス　✿

　実例として、大きな声で看護師に対して怒鳴り散らしたりする患者について、医師から退院の指示が出たのですが、患者は自分は悪くないから退院はしない、一歩も病院から動かないと主張したケースがありました。キーパーソンになっている親戚の方は、病院にお任せします、という回答でした。生活保護で入院されている患者でしたので、担当行政職員、担当ケースワーカー等と連絡をとり、患者の説得等の協力をしていただきました。また、退院するまでの医療・看護介入をどこまでするかについては、臨床倫理委員会で検討して対応しました。こうした患者については、関係者・関係職種間で連携して対応するとよいと思います。

Q8　異性の患者に対するケアで身体的接触が必要なときは？

看護ケアを提供する際にどうしても異性の患者の体に触れる機会があるのですが、わいせつ行為等と言われないために、看護師としてはどのような点に注意する必要がありますか。

ポイント

◇当該行為の目的や理由を患者に明確に説明する

◇特に異性の場合は、可能な限り複数名で対応し、1名対応の場合も密室とならないよう留意する

◇私的な連絡先の交換等、業務と関係ない行動は避ける

A

◆わいせつ行為と認定された事例

医療現場においては、様々な場面で患者の身体への接触が必要となりますが、医療行為に必要な身体の接触は、わいせつ行為にはなりません。もっとも、医師の事例ではありますが、医療行為中の患者への接触が準強制わいせつ罪（刑178①・176前段等）として処罰されたケース（東京高判平30・7・11（平30（う）20））があります。

この事例において裁判所は、精神科医である被告人が、担当する入院患者である被害者に対し、早期退院に必要な行為であるかのように装ってLINEを利用し「今夜どうしても自分と会って、どんな診察になっても最短で退院になるのを望むしか無いでしょうね」「産婦人科の検査をやらないと退院できない」などとメッセージを送信する等して、

病院内で午前0時20分過ぎにわいせつ行為を行ったという事実を認定しています。

　この医師は、わいせつ行為の事実を否認しましたが、裁判所は、上記のようなメッセージを送っていることや、夜間に診察を行った理由について、被告人が述べる理由（母親に対し、夜に主治医を呼ぶほど被害者にとって入院が辛いことになっていると説明して被害者の退院を説得しようと考えた）は不自然であることに加え、「看護助手に対し被害者の言うことを信用しないでと言ったこと」等を理由に被告人の供述は信用できないと判示しています。

　また、現在は強制わいせつ罪（刑176）において、故意以外の「行為者の性的意図」（いわゆる、わいせつ目的）は不要と解釈されていますが（最判平29・11・29判時2383・115）、過去にわいせつ目的の有無等が問題となった裁判例の中には、「強制わいせつ事件（準強制わいせつ事件を含む。）において、被告人が意図的に女性の胸部や陰部に触るなどの行為を行ったと認められる場合、一般的には、そのような行為自体からわいせつ目的の存在を推認することが可能である。しかしながら、医師が行う診察行為には種々様々なものが存在し、この中には女性の胸部や陰部等に対する触診も含まれ得る。したがって、医師が診察として行った行為については、それが女性の胸部や陰部に触れる行為であったとしても、医療行為として合理的に説明可能な場合も当然に想定され得るのであって、そのような行為を行ったこと自体から直ちにわいせつ目的を推認することは許されない。他方、医師が診察として行った行為であっても、その状況において全く必要性のないものであるなど、正当な医療行為としておよそ説明し得ない場合には、わいせつ目的を推認することができる」と判示されているものもあります（東京地判平24・10・31（平23（刑わ）1062・平23（刑わ）1331・平23（刑わ）1582））。

◆わいせつ行為と疑われないために

　上記各事例における裁判所の判示内容を参照すると、正当な看護ケアとして合理的に説明可能な行為は、直ちにわいせつ行為と認定されるものではありません。そのため、特に誤解の生じやすいと考えられる身体接触を伴う看護ケアを行う際は、患者に誤解を与えないように、目的や理由を明確に説明するとよいでしょう。

　また、異性の患者に対し接触する必要がある場合は、なるべく複数名で対応する、1名で対応する場合も密室にならないよう留意する等といったことが考えられる他、あらぬ誤解が生じないように、例えば患者と私的な交流を持つ等（私的な連絡先を交換する等）、業務と無関係な行動は避けるべきと考えられます。

✿　先輩看護師からのアドバイス　✿

　看護師として、看護行為において患者の身体への接触は回避できません。あらぬ誤解を受けないために、その目的などを患者に説明して行うことはもちろんですが、患者の羞恥心に配慮したケアを心掛けるようにしましょう。実例としては、疾患の種類等によっては、羞恥心等から異性の看護師を避けてほしいと話される患者もいます。そのような場合は、業務上の都合ではなく、できるだけ患者の希望を優先して対応しています。

Q9　患者の私物を壊してしまったときは？

　勤務先の病院での業務中に、担当している患者のベッド周りに
あった患者の私物をうっかり壊してしまいました。個人的に患者
に弁償する必要がありますか。

ポイント

◇患者から看護師個人で弁償するように特に指定された場合には
　個人的に弁償する必要があるが、そうでない場合は病院と相談
　して病院と看護師個人のどちらがどのように患者に対して弁償
　するか決める

◇個人で全額弁償した場合も、法的には一定額を病院に求償でき
　る可能性がある一方、逆に病院が全額弁償した場合、法的には
　一定額を求償されてしまう可能性がある

◇看護職賠償責任保険等に加入している場合は、申請に必要とな
　る書類（被害品の明細書等）を確認しておく

A

◆患者との関係

　患者の私物を誤って壊してしまった場合、看護師は、患者との関係
において、不法行為に基づく損害賠償責任を負うことになります（民
709）。もっとも、業務中のミスですので、看護師の使用者である病院
（正確には、病院の設置主体）もミスをした看護師と連帯して患者に
対して損害賠償責任を負います（民715）。この病院の責任は使用者責
任と呼ばれています。

したがって、法的には、看護師個人と病院はともに、患者に対して金銭で弁償する義務があることになります。このうちどちらが患者に対して弁償すべきかについては、患者から請求された方が弁償するということになります。患者から特に指定がない場合は、看護師個人と病院でどちらがどのように負担して弁償するか話し合って決めることになります。

◆病院との関係

病院が患者に対して弁償した場合、病院は、患者の私物を壊してしまった看護師個人に対して、損害の公平な分担の観点から一定額を請求することができます（求償といいます。）。そして、病院が求償できる額は、病院が患者に対して弁償した額全額ではなく、「その事業の性格、規模、施設の状況、被用者の業務の内容、労働条件、勤務態度、加害行為の態様、加害行為の予防若しくは損失の分散についての使用者の配慮の程度その他諸般の事情に照らし、損害の公平な分担という見地から信義則上相当と認められる限度」（最判昭51・7・8判タ340・157）に限られます。

また逆に、看護師個人が患者に対して弁償した場合、看護師個人は、同様に損害の公平な分担という見地から相当と認められる額について、使用者である病院に対して求償することができます（最判令2・2・28判タ1476・60）。

なお、看護職賠償責任保険等に加入している場合、本設問のような物損についても補償の対象になると考えられますので、補償の申請に必要となる書類（被害品の明細書等）を確認しておくとよいでしょう。

✿　先輩看護師からのアドバイス　✿

　患者のベッド周りの私物については、一般的には、入院申込みの手続の際に、「入院のご案内」などの冊子を通して、例えば、防災上、床頭台の上には物を置かない、盗難・破損などの防止のため貴重品は病院には持ち込まない等の説明をしていると思います。

　もし業務中に患者の私物を破損させてしまった場合には、病院としては、その看護師に報告書を提出してもらいます。患者に弁償を求められた場合には、病院として補償する場合もありますが、例えば高額な場合等、当事者である看護師に一部求償する場合もないとはいえないと思いますので十分注意しましょう。

　そうした場合に備えて、看護職賠償責任保険への加入等を検討されてはいかがでしょう。

Q10　患者がナースコールを連打するときは？

　私の勤務先は介護老人保健施設なのですが、いつも大したことのない用事でナースコールを連打する入所者がいます。こうした入所者のナースコールは後回しにしてよいですか。また、あまりにも繰り返されるので、夜間のみ、手が届かない所に設置してもよいでしょうか。

ポイント

◇緊急性の高い他の入所者等への対応を優先すべき場合であっても、ナースコールが押された理由・状況については確認を行う
◇正当な理由なくナースコールを無視したり、手の届かない所へ設置することは虐待に該当する場合もある

A

◆ナースコールへの対応
　ナースコールは、入所者の急病等緊急時の対応を図るために、非常に重要なものであり、例えば介護老人保健施設の場合、「介護老人保健施設の人員、施設及び設備並びに運営に関する基準」において、入所者の療養室にはナースコールを設けることが義務付けられています（介護老人保健施設基準3②ート）。
　このナースコールですが、本設問のケースのように、大した用事があるわけでもないのにナースコールを頻回に押される入所者への対応に困ることもあるかもしれません。もっとも、この場合も「いつも大したことのない用事でナースコールを連打するから」という理由で、対応を後回しにしてよいということはありません。いつも大したこと

がない場合であっても、その1回は、急病であった等、緊急対応が必要な可能性もあります。そして、後述のとおり、ナースコールへの対応が遅れたために有害事象が生じた場合、看護師は法的な責任を負う可能性があります。

◆ナースコールを無視等した場合の法的責任

　ナースコールを無視したり、手が届かない所へ置いてしまうといった対応をとってしまい、そのために有害事象が生じると、看護師は法的責任を負う可能性があります。

　例えば、本設問のケースとは異なりますが、産科の病院において、夜間当直の看護師が、インターホーンを別の病室とつないでおり、陣痛室とはつながらない状態にしていたところ、陣痛室の妊婦が医師や看護師と連絡が取れないまま墜落分娩し、その後当該新生児が死亡するに至ったという事案では、「看護婦詰所で当直勤務中の者のうち、最後にインターホーンを操作したものについて、同人には、必要な通話を終えた後、インターホーンの設備を操作して待機の状態に復帰させ、看護婦詰所においていつでも陣痛室などからの呼び鈴による合図を受けることができる状態にしておくべき義務があったにもかかわらず、これを怠って、インターホーンを他の病室との通話ができる状態に放置した点において、不法行為法上の過失があった」（東京地判昭63・9・16判タ686・226）とされており、ナースコールがつながらない状態にしたことについて看護師に過失が認められています。

　そして、他の入所者等への対応を優先したいと考えた場合でも、単にナースコールを無視するのではなく、まずは、生命・身体の安全確保の観点から当該入所者への対応に緊急性があるか否かの状況を確認する必要があります。

◆虐待に当たる場合も

なお、特に高齢者に対し「ナースコール等を使用させない、手の届かない所に置く」ことは、介護・世話の放棄・放任として、また、高齢者や家族の存在や行為を否定、無視するような発言として「意味もなくコールを押さないで」などと言うことや、「ナースコール等を無視する」ことは心理的虐待として、高齢者虐待防止法上の虐待の類型とされています（「市町村・都道府県における高齢者虐待への対応と養護者支援について」平成30年3月改訂、厚生労働省）。

したがって、正当な理由なくナースコールを無視することや、手の届かない所へ置くことそれ自体が不適切ですので注意が必要です。

✿　先輩看護師からのアドバイス　✿

実例として、看護師が病室を出るとすぐナースコールを押す患者がいました。看護師たちもナースコールの多い患者だなと困っていました。

ところが、ある看護師が患者とじっくり話し合った結果、患者は退院に向けて不安で仕方なかったことや、自分のベッド周囲の決められた場所に物が定まっていないと看護師を呼ぶことが分かりました。つまり、患者の不安と患者のニーズを満たさず看護師の用件だけを満たして退出した結果が患者にナースコールを押させてしまっていたことが分かりました。

受け持ち看護師が、そのことをチームスタッフと情報共有し、退室する前に用事がないかと確認するようにしたこと、退院に向けての不安を聞いて対応していったことでナースコールは減少しました。

このように入所者のニーズをきちんと把握し、そのニーズに対応していくことが根本的な解決策になることもあります。

Q11　患者同士が喧嘩してしまったときは？

　同じ病室の患者同士が仲が悪くなってしまい、些細なことで喧嘩をするようになってしまいました。他の病室に空きベッドがないので、そのまま同室にしておいてもよいですか。

ポイント

◇医療機関は、患者の入院生活において、安全配慮義務を負っている

◇患者の安全に対するリスクを認識したら、漫然と放置することは許されず、危害発生を防止するための対応をとる必要がある

A

◆患者同士の喧嘩に対する対応

　医療機関は患者に対し、診療契約等に基づき適切な診療を遂行する義務を負っている他、当該診療契約自体、又はこれに付随する義務として、患者の安全について配慮すべき義務（安全配慮義務）を負うと考えられます（例えば、入院中の患者が同室の精神分裂病（注：判決文の表現のままです。）の患者から、角材で頭部等を殴打され死亡したという事案で、医療機関は診療契約に付随する義務として安全配慮義務を負うと認めたものとして、大津地裁平成12年10月16日判決（判タ1107・277）があります。）。

　そのため、医療機関としては、入院している患者が他の患者から暴行等を受けてケガ等をしないよう配慮する必要があり、本設問のケースのように、その予兆（喧嘩の多発等）がある場合は、これを防止する必要があるといえます。

　可能であれば、当該患者の引離し（他の病室への変更等）を行うことが考えられますが、本設問のケースのように空き病室がない等、引離しができないこともあるかもしれません。このような場合であっても、訪室回数を増やし患者の動静を注意・観察する、一時隔離する、他の患者と部屋を入れ替える等の対策を講じて患者の安全を確保する必要があります。日頃から喧嘩しているのを看護師が知りながら、何らの対策をとらず放置し、それにより患者同士の喧嘩が暴力に発展し、ケガを負ってしまったりすると、医療機関は安全配慮義務違反として法的責任を負う可能性があります。

　裁判例としては、例えば、特別養護老人ホームにおいて、ショートステイの際、他の利用者に車椅子を押されたために転倒してケガをしたという事案において、加害者である利用者が「日頃から……不機嫌となって介護職員に対し暴言を吐いたり暴力的な行為をしたり、更衣に際し、興奮、立腹し、暴言を吐いたり、職員の手や体を叩いたりして抵抗した、また、大声を出したり、職員に手をあげ、足で蹴ろうとした、職員が着替えをさせようとすると、引っ掻く、叩くなどして抵抗し、着替えをさせることができなかった等の暴言や暴力行為を行っていて、ｆ園（注：特別養護老人ホーム）の職員においては、このようなｊ（注：加害者）の言動を承知していた」にもかかわらず、被害者を「他の部屋や階下に移動させる等して、ｊから引き離し、接触できないような措置を講じてｅ（注：被害者）の安全を確保し、本件事故を未然に防止すべきであったものというべきところ、このような措置を講ずることなく、本件事故を発生させたものであり、被控訴人ａ（注：特別養護老人ホームの経営法人）には、安全配慮義務の違反があるといわざるを得ない」（大阪高判平18・8・29（平17（ネ）2259））と判示されたものがあります。

◆患者同士の暴力が発生したら

　万一患者同士の暴力が発生してしまった場合、近くにいる職員に応援を求め、当該患者を引き離す等、更なる暴力の発生を防止する必要があります。

　もっとも、このような緊急の対応後は、看護師個人で対応するのではなく、組織としての対応が必要になります。組織としては、患者同士の喧嘩や暴力が発生した場合の対応策について、暴力対策マニュアル等を策定し、他の患者や職員の安全に配慮すべきといえます。

✿　先輩看護師からのアドバイス　✿

　本設問のようなケースでは、危険性をどのようにアセスメントするか、一人で判断するのではなく、例えば「医療安全対策室」管理者などにも相談し、主治医も含めて対策をとるのがよいでしょう。

　その病棟に空床がない場合であっても、他の病棟に移動できないか、院内全体での対応を検討すべきです。

　もし、喧嘩になって暴言・暴力などがあった場合などは、遠慮なく警察に通報して対応していただくこともよいでしょう。

Q12　身元保証人がいない患者が入院するときは？

　判断能力は十分であるものの家族がおらず、身元保証人がいない患者を入院させる場合には何に留意すべきですか。

ポイント

◇身元保証人は法律上要求されるものではない
◇身元保証人がいなくても患者が安心して必要な医療が受けられるように行政や福祉等の関係機関と連携する

A

◆身元保証人に求められる役割

　「身寄りがない人の入院及び医療に係る意思決定が困難な人への支援に関するガイドライン」（令元・6・3医政総発0603第1）によれば、身元保証人に期待される役割として次の事項が挙げられています。

① 緊急の連絡先に関すること
② 入院計画書に関すること
③ 入院中に必要な物品の準備に関すること
④ 入院費等に関すること
⑤ 退院支援に関すること
⑥ 死亡時の遺体・遺品の引き取りや葬儀等に関すること

　以下では上記の各事項について、身元保証人がいない場合の具体的な対応方法を確認します。

◆緊急の連絡先に関すること

　本人の意向を確認した上で、緊急連絡先となれる親族や友人知人が

いるか確認します。該当者がいない場合には、患者が従前利用している福祉サービス等の担当者に連絡し、緊急時の対応について相談します。福祉サービス等を利用していない場合には、緊急の連絡先がないことを記録した上で、緊急時の対応について本人の意思決定を支援します。

◆入院計画書に関すること

　保険医療機関においては、患者の入院の際に医師や看護師等が共同して総合的な診療計画を策定し、患者に対して、本人が理解できるように分かりやすく説明を行うことが求められます（「基本診療料の施設基準等及びその届出に関する手続きの取扱いについて」令2・3・5保医発0305第2）。

　患者の他に、その入院診療についての説明に同席を希望する人がいる場合には、本人の意向を確認した上で、情報提供を行います。

◆入院中に必要な物品の準備に関すること

　患者が自分で物品の準備等ができない場合は、本人の意向を確認した上で、親族や友人知人等の協力を得られるか検討します。

◆入院費等に関すること

　入院時に保険証を確認し、「短期被保険者証」や「資格証明書」が交付されている場合は、国民健康保険の保険料を滞納していることが考えられます。生活保護が必要となる場合は早期に自治体に連絡し、申請等を行う必要があります。

◆退院支援に関すること

　退院支援が必要となる場合、患者がケアマネジャーや相談支援専門員等の専門職と関わりがあるときは、本人の意向を確認しながら当該

関係者と退院先の選択や手続について相談します。専門職との関わりがない場合は、新たにサポートチームを構成し相談する必要があります。

◆死亡時の遺体・遺品の引き取りや葬儀等に関すること

親族等がおらず埋葬等を行う者がいない場合は、市町村において担当することになります。なお、死亡時の立会いや見送り可能な方がいる場合は、本人の意向を確認し、同席について相談します。

◆最後に

少子高齢化の進展に伴い、今後、医療を受けるに当たって親族等の支援を受けられない方の増加が想定されますが、身元保証人がいなくても適切な医療を享受できるような体制を整えておくことが重要です。

Q13　認知機能に疑いのある患者が退院するときは？

　認知機能に疑いのあるお年寄りが退院するに当たって、自宅療養での注意点を説明する場合には何に留意すべきですか。

ポイント

◇退院した後も適切な医療・福祉サービス等を利用することができるように、関係機関との連携体制を整えておく
◇本人の意思を確認した上で、適切に情報共有を行い、スムーズな支援が行えるようにしておく

A

◆適切な退院支援の必要性

　認知機能が十分でない患者においては、退院後の服薬管理や療養上の注意点等に関する説明がなされたとしても、退院後の自宅療養においてこのような説明に沿って適切に対応することが困難である場合が想定されます。

　退院後の生活の世話をしてくれるような家族等がいるケースでは、患者の意思を確認した上で、一緒に説明を受けてもらうことで適切な対応を期待することができますが、身寄りのない患者の場合は個々の状況を踏まえて、適切な対応を検討する必要があります。

　以下では「身寄りがない人の入院及び医療に係る意思決定が困難な人への支援に関するガイドライン」（令元・6・3医政総発0603第1）で示されている方針について確認します。

◆成年後見制度を利用していない場合

　患者が介護支援専門員（ケアマネジャー）等の専門職と関わりがあるときは、本人の意向を確認しながら当該専門職と退院後の生活等について相談します。介護支援専門員は、要介護者等が適切な居宅サービスや日常生活支援総合事業等（訪問介護やデイサービスなど）を利用できるように、ケアプランの作成や、市町村・サービス事業者等との連絡調整を行っています（介保法7⑤）。

　従前そのような専門職との関わりがない場合には、新たにサポートチームを構成する必要があります。患者が高齢者の場合は、市町村の設置する地域包括支援センターに相談します。地域包括支援センターは地域住民の保健医療の向上及び福祉の増進を包括的に支援することを目的とする施設であり（介保法115の46①）、保健師・社会福祉士・主任介護支援専門員等を配置し、被保険者の居宅における生活実態やその他の必要な実情の把握、関係機関との連絡調整等を実施しています（介保法115の45②一）。

　また、成年後見制度の利用によりスムーズな支援の実現が可能となることもあるので、成年後見制度の相談窓口への相談も必要となります。

◆成年後見制度を利用している場合

　成年後見人は、被後見人の財産管理の他、医療や介護、福祉サービスの利用に関する契約の締結を担当することができます。患者が成年後見制度を利用している場合には、本人の意向を確認した上で、退院後にどのようなサービスが必要と考えられるのか、その選択肢について、成年後見人に説明します。

Q14　退院する子供の両親が別居しているときは？

　入院していた子供が退院するのですが、両親は別居しているとのことです。離婚しているかどうかはよく分からないのですが、このような場合、どちらの親に引き渡せばよいですか。

ポイント

◇婚姻中の両親が別居中の場合、監護者に対し引き渡す必要がある

◇離婚している場合は原則として親権者に対し引き渡すことになるが、親権者と監護者が異なる場合は、監護者に対し引き渡す

◇トラブルを避けるため、父母の意思が対立している場合や、監護者が不明である場合は、児童相談所等へ相談をする

A

◆両親が別居している場合（離婚前）

　成年に達しない子供の監護や教育等は親権者が行うとされ（民820）、また、両親の婚姻中の親権は、父母が共同して行うとされています（民818①③）。そのため、入院していた子供が退院する場合は、通常であれば、両親のいずれかに引き渡せばよいことになります。

　もっとも、本設問のように両親が別居していることが明らかな場合は異なります。「子の日常の生活、しつけ、家庭教育、宗教教育、学校教育の選択、……転居を含めた子の居所の指定、予防接種等の同意、医科・歯科治療の同意、手術を含めた医療同意」等を含む監護権（山口亮子「離婚後の親権と監護権の分離分属」新・判例解説Watch vol.25　115〜118頁

(2019))を有する者のことを、「監護者」といいますが、別居している場合は、両親のいずれかが監護者として退院後の子と生活していくことになるので（ただし、祖父母等、両親以外が監護者になる場合もあります。）、監護者に対し引き渡すべきと考えられるためです。

　そのため医療機関としては、入院している子供が、今後両親のいずれと生活していくかを確認の上、同居する方の両親に引き渡すことになります。

◆両親が別居している場合（離婚後）

　また、既に両親が離婚している場合、離婚時に子の親権者（民819①②）と、監護者（民766①等）が定められることになりますが、一般的には親権者が監護権を有するケースが多いと考えられます。そのため医療機関としては、原則として親権者に引き渡せばよいと考えられますが、親権者と監護者が異なる場合もあり、この場合は監護者に対し引き渡す必要があります。

◆判断に迷った場合

　もっとも、医療機関としては、監護者が誰であるか不明な場合も多いと考えられます。また、子の監護者の指定調停が係属中である等、監護者が定まっていないケースも考えられます。そのため、紛争予防の観点からは、両親が別居していることが明らかな場合、医療機関は子供を引き渡すに当たり、両親双方から、一方に引き渡すことへの同意書を取得することが望ましいといえます。

　また、両親双方から自己への引渡しを求められたり、監護者が誰であるか不明な場合、医療機関独自の判断をせず、児童相談所へ相談する等、関係各所と連携し対応することも重要です。

✿　先輩看護師からのアドバイス　✿

本設問のケースとは異なりますが、例えば、産科病棟で、新生児は、母親に引き渡すなどの取り決めを行い、母親が育児や子育てが難しいなど（精神疾患などで）の場合は、母親にその旨を説明し、児童相談所に相談してどなたに引き渡すかを決めてもらうといった対応をしている例もあります。

Q15　実害のない与薬ミスも患者への報告が必要？

　別の患者の薬を間違って投与してしまいましたが、幸いなこと
に誤投与した患者に有害事象は発生せず、実害は何も生じません
でした。このような場合、誤投与してしまったことについて患者
に報告する必要がありますか。

ポイント

◇有害事象が生じなかったとしても、現に投与している以上、患
　者に対する報告は適時適切に行う

◇安全な医療提供体制の構築のため、医療機関内における報告も
　行う

A

◆診療契約上の報告義務

　診療契約は準委任契約と解されており、医療機関は善良な管理者の
注意をもって委任事務を処理する義務を負っています（民644・656）。
また医療は、医療の担い手と医療を受ける者との信頼関係に基づき行
われるよう求められており（医療1の2①）、医療の担い手は医療提供に
当たって適切な説明を行い、医療を受ける者の理解を得るよう努めな
ければならない旨規定されています（医療1の4②）。そして、裁判例の
中には、診療契約について、一般に「病院開設者において患者を診断
して適切な治療をすることを主な内容とするものであるが、医療行為
について患者に対し適時に適切な説明をすることも病院側の付随的な
義務としているもの」（東京高判平16・9・30判時1880・72）と判示するもの
もあります。

　これらの法的な考え方を踏まえると、医療機関は、患者に対して実施された医療について適切に患者に報告する必要があり、本設問において有害事象が生じなかったとしても、患者に対して現に誤った薬剤が投与されている以上、適切に報告することが必要と考えられます。

◆院内での報告

　なお、厚生労働省の「医療安全管理者の業務指針および養成のための研修プログラム作成指針－医療安全管理者の質の向上のために－」（平19・3・30医政発0330019等）によれば、各医療機関において安全管理に関する業務に従事する医療安全管理者においては、医療事故の発生予防及び再発防止のため、情報の収集と分析を業務の一つとされており、また医療機関における安全文化の醸成のために、ヒヤリハット事例が生じた場合に遅滞なく報告をするよう全職員に働きかけることとされています。

　よって、本設問のような事例が生じた場合には、医療機関内における報告も行うことが求められます。事例を共有し、対応策を検討することで、個々の医療従事者の注意力のみに頼らない、より安全な医療提供体制の構築を期待することができます。

❀　先輩看護師からのアドバイス　❀

　実際のところ、病院には「医療安全管理マニュアル」が作成されており、インシデントやアクシデント等の定義とともに、それらが発生した場合の対応が明文化されているでしょう。

　例えば、患者に影響を与えた可能性がある場合は、質の軽重を問わず院内報告体制としてレポートを提出することが義務付けられており、本設問のような与薬ミスの場合、有害事象が生じなか

ったとしてもインシデントとして報告対象になるでしょう。また、責任者に報告すると同時に、治療における最終責任者である主治医への報告も必須です。

　現場では、有害事象がない場合でも、薬を間違ったことは患者に説明しています。この時の患者への説明は、過剰な不安を与えないよう、ミスによる影響がどの程度なのか患者の理解度に合わせて慎重に説明します。当事者だけではなく、上司、主治医から説明することもあります。

　看護の現場は、多重業務の中で展開されています。看護管理者、医療安全管理者は、提出されたレポートを分析し、個人の責任を追及するのではなく、安全な与薬環境であるかを検証し、少しでも看護師が与薬に集中できるように安全な環境を整備していくことが重要です。

Q16　延命措置について患者本人の意思を確認できないときは？

延命治療を行うか否か判断する場面において、本人の意思を確認することができない場合、どのように対応すればよいですか。

ポイント

◇患者の意思が確認できない場合は、患者の家族から患者の推定意思を聴き取り、又は家族と十分に話し合い、患者にとっての最善の治療方針をとる

A

◆患者の自己決定

医師等の提供する医療について、これに同意するかどうか決めるのは本来患者本人です。医療従事者から適切な情報の提供と説明がなされた上で、それに基づき、医療・ケアチームと十分な話合いを行い、意思決定することが基本となります。

しかし、いざそのような意思決定が求められる段階に至って、本人が意識レベルの低下や認知症の進行等によって同意能力を欠いており、意思決定することができる状況にないということがあります。このような場合にどのように方針決定するべきかについて、法的な整理は必ずしも明確になっていません。

◆方針決定のプロセス

延命措置を含む終末期医療の方針決定のプロセスに関して、東京地裁平成28年11月17日判決（判タ1441・233）は、厚生労働省が策定した「終

末期医療の決定プロセスに関するガイドライン」（平19・5・21医政発0521011、後述）を参照しながら、おおむね次のように判示しています。

　まず、終末期医療の方針について、患者の家族のうちキーパーソンとして対応されている者を通じて患者家族と十分に話合いをした上で方針決定をしていれば、最善の治療方針を決定すべき注意義務の違反には当たらないとしました。ただし、当該キーパーソン以外の家族が異なる意見を持っていることを医師等が認識し得た場合には、その者からも意見を聴くことが望ましいとしています。また、キーパーソンとなる者が、自らと異なる意見を持つ者がいることを知りながらあえてこれを医師等に告げなかったり、容易に連絡のとれる家族がいるのにあえてその者の意見を聴かずに自らの意見を家族の総意として伝えるような場合には、これを違法と認める余地がある、としています。

　患者に代わる者として家族等が医療の方針決定の話合いをする場面において、誰をキーパーソンとするべきかについては、一律に明確化することはできませんが、後から紛争の種にならないよう、前もって患者、若しくは家族の話合いによって、決めてもらっておくことが望ましいです。

◆家族の意見が割れている場合

　本設問においては、患者の家族と話合いを行うなどして方針決定することが考えられますが、上記の裁判例からは患者の家族間で意見が割れている場合にどのように対応するべきなのかは明らかではありません。

　この点について、上記裁判例でも参照されているガイドラインの改訂版「人生の最終段階における医療・ケアの決定プロセスに関するガイドライン」（平成30年3月改訂）（以下、単に「ガイドライン」といいます。）を参照すると、本人の意思が確認できない場合、次のような手順によって、医療・ケアチームの中で慎重に判断を行う必要があること

が示されています。

①　家族等が本人の意思を推定できる場合には、その推定意思を尊重
し、本人にとっての最善の方針をとることを基本とする。

②　家族等が本人の意思を推定できない場合には、本人にとって何が
最善であるかについて、本人に代わる者として家族等と十分に話し
合い、本人にとっての最善の方針をとることを基本とする。時間の
経過、心身の状態の変化、医学的評価の変更等に応じて、このプロ
セスを繰り返し行う。

③　家族等がいない場合及び家族等が判断を医療・ケアチームに委ね
る場合には、本人にとっての最善の方針をとることを基本とする。

④　このプロセスにおいて話し合った内容は、その都度、文書にまと
めておくものとする。

　その上で、ガイドライン（解説編）では、家族の中で意見がまとま
らない場合には、医療・ケアチーム以外の者（例えば医療倫理に精通
した専門家や、国が行う「本人の意向を尊重した意思決定のための研
修会」の修了者など）を加えた複数の専門家からなる話合いの場を別
途設置し、方針等についての検討及び助言を行い、あらためて合意形
成に至る努力をすることが必要とされています。

❀　　先輩看護師からのアドバイス　❀

　終末期医療の方針に関して、ご本人の意思確認ができない場合
は、ご家族などにご本人の人生観などを聴いて延命措置の方針な
どを検討することになりますが、このような検討を適正に行うた
めに、各施設では「倫理委員会」を設置する等して対応していま
す。

Q17　宗教団体が遺体を引き取りに来たときは？

　ある宗教の信者である患者の死後、遺族ではなくその宗教団体が遺体を引き取りに来ました。特に遺言書など本人の意思が確認できる書面はないのですが、宗教団体に引き渡してもよいですか。

ポイント

◇遺体は、その祭祀主宰者に引き渡す必要がある
◇祭祀主宰者は、被相続人の指定によって決まり、指定がない場合は慣習により判断される

A

◆遺体の帰属先

　遺体の法的性質やその権利主体について、これを明示する法律はありませんが、裁判例には、所有権の客体とはならず、埋葬、礼拝、供養のために、これを主宰する者により管理される特別の存在とするもの（東京地八王子支判昭48・9・27判時726・74）、所有権の対象となるものの、性質上、その権限行使の範囲は埋葬、管理、祭祀、供養とし、民法897条の準用により承継されるとするもの（高知地判平8・10・23判タ944・238）、祭祀財産に属し、その所有権（実体は祭祀のためにこれを排他的に支配、管理する権利）はその祭祀を主宰する生存配偶者に原始的に帰属するとするもの（東京高判昭62・10・8判タ664・117）などがあります。

　学説においては、遺体は所有権の客体となるとするのが多数説となっており、その帰属先については祭祀主宰者と解するのが有力説の一つとされているようです。なお、祭祀主宰者を帰属先と解する理由と

しては、系譜、祭具及び墳墓の所有権は、慣習（ただし、被相続人の
指定があればその指定）によって祭祀を主宰すべき者が承継すると定
める民法897条の準用や、慣習法などが挙げられています。

◆具体的な対応方法

　患者が特定の宗教への信仰心を有していたとしても、それだけでは
患者が自分の死後、遺体を誰に、どのように扱ってほしいのかは明ら
かではありません。例えば、判例では、自ら宗教団体を主宰していた
者の死後、信者によって団体の仏壇に安置されていた遺骨を遺族が引
渡しを求めた事件において、本人による祭祀主宰者の指定が認められ
ないことを前提に、遺骨は慣習に従い祭祀を主宰すべき者に帰属する
と判示した事例があります（最判平元・7・18家月41・10・128）。

　本設問においても、患者による指定がない場合には、宗教団体は祭
祀主宰者には当たらず、慣習に従って患者の遺族が祭祀主宰者として
遺体の引渡しを受けることになることも考えられます。

　したがって、患者の遺族に確認をとることなく、宗教団体含め第三
者に遺体を引き渡してしまうと、後日、遺体や遺骨の引渡しをめぐっ
て紛争が生じるおそれがありますので注意が必要です。

✿　先輩看護師からのアドバイス　✿

　実際のところ、ご家族がいらっしゃる場合は、長きにわたりご
家族との交流がない場合において、本設問のように宗教団体の方
がご遺体を引き取りたいと申し出られた場合であっても、ご家族
の確認を取ってご家族にお引渡ししています。

Q18　引き取り手のない遺体は？

　身元の分からない患者の遺体は誰に引き渡せばよいですか。また、身寄りのない患者の場合はどうでしょうか。

ポイント

◇遺体の引き取り手がおらず、埋葬等を行う者がいない場合は、市町村に連絡し、引き渡す

A

◆身元の分からない方が亡くなられた場合

　古い法律ですが、行旅病人及行旅死亡人取扱法には、行旅中の死亡人や身元の分からない死亡人をどのように扱うかについて規定が置かれています。

　法律の対象となる行旅（こうりょ）死亡人とは、行旅中に死亡し引き取る者のない者、住所や居所若しくは氏名が不明でかつ引き取る者のない死亡人を指しますので（行旅病人及行旅死亡人取扱法1）、身元の分からない患者が死亡した場合も行旅死亡人に該当します。

　行旅死亡人については、その所在地の市町村において、その状況や相貌、遺留物件など、本人を認識する上で必要な事項を記録し、埋葬又は火葬を行うこととされています（行旅病人及行旅死亡人取扱法7）。

　また、行旅死亡人の遺留物件については市町村がこれを保管し（行旅病人及行旅死亡人取扱法12）、行旅死亡人の取扱いにかかる費用についてはまずその遺留する金銭等を充てることとされています（行旅病人及行旅死亡人取扱法11）。

　したがって、身元の分からない患者が亡くなられた場合には、市町村に連絡し、遺体及びその方の遺した物を引き渡すことになります。

◆埋葬等を行う者がいない場合

　行旅中ではなく、身元の確認は取れているものの、遺体を引き取る者がいない場合には、行旅死亡人には当たらず、行旅病人及行旅死亡人取扱法は適用されないことになります。

　ただし、墓地、埋葬等に関する法律9条1項において、「死体の埋葬又は火葬を行う者がないとき又は判明しないときは、死亡地の市町村長が、これを行わなければならない」と規定されていますので、例えば亡くなられた患者に身寄りがなく、遺体の引き取り手がいないために埋葬等が行われないような場合には、管轄の市町村に連絡し、遺体を引き渡すことになります。

　なお、かかる費用については、行旅病人及行旅死亡人取扱法の規定を準用することとされていますので、上述した身元不明者の場合と同様です（墓地、埋葬等に関する法律9②）。

◆成年後見制度を利用している場合

　患者が成年後見制度を利用している場合、患者の死亡により後見は終了し、後見人は原則として代理権限を喪失しますが、火葬や埋葬に関する契約の締結等については、患者の相続人の意思に反することが明らかな場合を除き、家庭裁判所の許可を得て行うことができるため（民873の2三）、患者に成年後見人がついている場合には、当該成年後見人にも連絡してください。

Q19　病室から遺言書が発見されたときは？

　患者の死後、ベッドサイドから「遺言書」と表書きがされ、封かんされた封筒を発見しました。本当に遺言書が入っているのか開けて中身を確認してもよいですか。

ポイント

◇遺言書（公正証書遺言を除く）の保管者（保管者がいないときは遺言書を発見した相続人）は、患者の死後、検認手続を行う必要がある

◇「封印のある遺言書」は、家庭裁判所において相続人又はその代理人の立会いの下で開封しなければならない

A

◆遺言書とは

　15歳に達し（民961）、遺言能力（遺言事項を具体的に決定し、その法律効果を弁識するのに必要な判断能力たる意思能力（東京高判平25・3・6判タ1395・256））を有する者は、有効に遺言を行うことができます。遺言は、原則として、自筆証書、公正証書、秘密証書によりする必要があり、それぞれ方式が決まっています。

　自筆証書により遺言をするには、遺言者が、その全文、日付及び氏名を自書し、押印する必要があります（民968①）。

　公正証書による遺言とは、証人二人以上の立会いの下、遺言者が遺言の趣旨を公証人に口授（口がきけない場合は通訳人の通訳により申述又は自書（民969の2①））し、公証人がそれを筆記して作成するもの（民

969）で、原本は公証役場に保管され、遺言者はその正本の交付を請求することができます。なお、入院中など公証役場に行くことができない方も、公証人に出張してもらうことで公正証書遺言を作成することができます。

　秘密証書遺言とは、遺言者が、遺言証書（代筆やＰＣによる作成も可）に署名・押印した上で証書と同一の印で封印し、公証人一人及び証人二人以上の立会いの下、それが自己の遺言書であること等を申述して作成するものです（民970①）。

◆遺言書を発見した場合

　遺言書の保管者（保管者がいないときは遺言書を発見した相続人）は、公正証書による遺言を除き、遺言者の死亡を知った後、遅滞なく、遺言者の最後の住所地を管轄する家庭裁判所に遺言書を提出し、「検認」を請求する必要があります（民1004①）。

　「検認」とは、「相続人に対し遺言の存在及びその内容を知らせるとともに、遺言書の形状、加除訂正の状態、日付、署名など検認の日現在における遺言書の内容を明確にして、遺言書の偽造・変造を防止するための手続」（裁判所ウェブサイト「遺言書の検認」https://www.courts.go.jp/saiban/syurui/syurui_kazi/kazi_06_17/index.html（2022.1.12））であり、裁判官によって行われます。

　このとき、「封印のある遺言書」については、家庭裁判所において相続人又はその代理人の立会いの下で開封しなければならないとされており（民1004③）、遺言書の保管者や発見者が勝手に開封することはできません。これに違反し家庭裁判所外において開封した場合には過料（5万円以下）も予定されています（民1005）。したがって、本設問においては、開封をせずにそのままの状態で相続人に渡す必要があります。

◆法務局での保管

　本設問からは離れますが、外出の可能な患者が自筆証書遺言を作成した場合、遺言者である患者が生前において、その遺言書の保管に関して「自筆証書遺言書保管制度」を利用するという方法もあります。

　この制度は、自筆証書遺言の原本を法務大臣の指定する法務局（遺言書保管所）に預けておくことができるというもので、遺言書保管所に保管されている遺言書については、遺言者の死後、検認を行う必要がありません（法務局における遺言書の保管等に関する法律11）。

　なお、この制度を利用した場合、遺言の内容は遺言者が亡くなるまでは相続人等が閲覧等することはできません。

第 2 章

情報管理に関する
法的ポイント

60

Q20　患者の家族から看護記録の開示を求められたときは？

　病院の入院患者の家族から今までの看護記録を全て見せてくれと言われましたが、家族なので見せてしまってもよいでしょうか。

ポイント

◇記録開示の申出に対しては、病院として対応する
◇家族からの申出であっても、一定の要件を満たした場合でなければ、本人の同意なく開示することはできない

A

◆開示請求ができる者

　看護記録は、「医療・介護関係事業者における個人情報の適切な取扱いのためのガイダンス」（平成29年4月14日、令和2年10月一部改正、個人情報保護委員会、厚生労働省）において、個人情報に該当する記録として例示されています。

　個人情報の取扱いに関しては、看護師が負う守秘義務（保助看法42の2）等とは別に、個人情報保護法において、個人情報取扱事業者である病院の義務等について定められています。

　そして、個人情報保護法は、看護記録などの個人情報の開示を請求することができる者については、①患者本人、②患者が未成年者又は成年被後見人の場合はその法定代理人、③開示請求をすることについて本人が委任した代理人、と定めています（個人情報法37、個人情報令13）。逆にいえば、たとえ家族であったとしても、上記②又は③に該当しな

い限り、患者本人の同意なく看護記録を開示することはできません。

　したがって、本設問のような申出を患者の家族から受けた場合には、患者本人が開示を同意しているか、又は、その家族が②若しくは③に該当するかどうかを確認する必要があります。

◆開示請求の手続

　上述のとおり、看護記録の開示については、病院に課されている個人情報保護法上のルールがありますので、開示請求の申出があった場合は、看護師個人に対して申し出るのではなく、病院に対して開示を申請するよう回答してください。

　なお、開示請求の手続は、手続に要する費用を含めてそれぞれの病院で決めることができます。もっとも、手続が開示請求を行う上で過重な負担を課すものとならないように配慮する必要があります（個人情報法37④）。手数料額として実費を勘案して合理的であると認められる範囲を超えるような金額を設定することはできません（個人情報法38②）。また、適法な開示請求がなされた場合、原則として、病院は書面の交付による方法によって開示に応じる必要があります（個人情報法33②）。

◆開示請求する権利のない家族に見せてしまったら

　看護記録の開示を求めてきた家族が、上述の②又は③に該当しないにもかかわらず、看護師が、本人の同意なく開示してしまった場合、その看護師は、正当な理由がない限り、守秘義務違反やプライバシー侵害といった法的責任を負うことになります。

　また、病院は、個人情報保護法違反として、個人情報保護委員会による行政指導や処分を受ける可能性があります（個人情報法145）。

✿　先輩看護師からのアドバイス　✿

　　病院における記録開示の手続としては、例えば次のような例が
あります。

　　まず、請求できる者は、原則患者本人、患者が未成年者の場合
は法定代理人、開示請求について本人が委任した代理人です。

　　そして、指定された「診療情報の開示申請書」で請求をします。
この請求は、来訪、郵便及びFAXにより受け付けています。ただ
し、受渡しについては直接手渡しとしています。

　　なお、開示請求者が本人又は代理人であるかを確認するために、
公的証明書の提出を求めています。また、個人情報の開示の請求
項目によっては、手数料を定めています。

Q21　警察から入院患者について尋ねられたときは？

　警察から連絡があり、捜査の必要があるとして入院患者について尋ねられました。どのように対応すればよいでしょうか。

ポイント

◇まずは相手が本当に警察であるか確認する必要がある
◇警察の捜査への協力であっても、本人の同意なく個人情報を提供すれば、プライバシー侵害になる場合もある
◇対応に当たっては、プライバシーへの影響の大きさを慎重に検討する必要がある

A

◆警察の問合せは法的にはどういうものか
　警察は、刑事訴訟法197条2項「捜査については、公務所又は公私の団体に照会して必要な事項の報告を求めることができる」との規定に基づいて、「捜査関係事項照会」と呼ばれる照会を行うことができます。このように捜査関係事項照会は法令に基づくものですが、強制力はなく、回答に応じなくても罰則はありません。
　実際の対応においては、連絡が電話による場合には、相手は警察を騙る偽物かもしれません。そこでまず、問合せは電話ではなく書面（捜査関係事項照会書）で行ってほしいと求めることがよいでしょう。

◆警察への回答に関係する法的問題は何があるか
　警察の問合せ内容が、患者のどのような情報に関するものかによって変わってきますが、看護師の守秘義務（保助看法42の2）、個人情報保護法、患者のプライバシー侵害といった問題が関係してきます。

◆看護師の守秘義務との関係

　看護師には、保助看法42条の2によって、「保健師、看護師又は准看護師は、正当な理由がなく、その業務上知り得た人の秘密を漏らしてはならない。保健師、看護師又は准看護師でなくなつた後においても、同様とする。」という守秘義務が課せられています。

　そのため、患者についての警察からの照会に回答できるかどうかは、守秘義務との関係では「正当な理由」があるか否かによることになりますが、一般的には、捜査関係事項照会を受けて回答する場合は、正当な理由があり、守秘義務違反にはならないと考えられています。

◆個人情報保護法との関係

　個人情報保護法は、本人の同意を得ずに個人データを第三者に提供することができる場合として、その情報提供が「法令に基づく場合」を規定しています（個人情報法27①一）。

　そして、厚生労働省は、捜査関係事項照会は「法令に基づく場合」に該当するとの見解を示していますので、本設問のような捜査協力の場合、個人情報保護法違反には当たりません（「『医療・介護関係事業者における個人情報の適切な取扱いのためのガイダンス』に関するＱ＆Ａ（事例集）」平成29年5月30日、令和2年10月一部改正、個人情報保護委員会事務局、厚生労働省）。

◆患者のプライバシー侵害のおそれ

　守秘義務や個人情報保護法の観点からは問題がない場合であっても、本人の同意を得ずに患者の個人情報を提供すると、場合によっては、プライバシー侵害として、患者に対して損害賠償責任を負う可能性があります。

　例えば、捜査関係事項照会の事案ではありませんが、講演会の警備を警察に委ねるに当たり、本人の同意を得ることなく警察に参加者の名簿を提出した事案で、最高裁判所は、事前に承諾を得ることが容易

であったにもかかわらず、そのような手続を取らずに無断で個人情報を開示した行為は、プライバシーに係る情報の適切な管理についての合理的な期待を裏切るものであるとして、プライバシーの侵害を認めています（最判平15・9・12判時1837・3）。

◆患者に不安を与えないために
　上記のように、捜査関係事項照会への回答であっても、場合によっては患者のプライバシー侵害に当たるおそれがあることに留意して、できるだけ事前に本人の同意を得て対応するのが適切です。

✿　先輩看護師からのアドバイス　✿

　私たち看護師は、患者が安全・安心に治療を受けられることを目的に患者の多くの個人情報を聴取することになります。それは、患者のニーズを把握し、その人らしさを尊重して治療に参画してもらうためです。患者は自分のニーズが満たされていることが分かれば医療者とともに治療に向かうことができます。そのような目的で取得した個人情報は、しっかりと秘密として守るという意識が重要だと考えています（「看護職の倫理綱領」（公益社団法人日本看護協会）にある「5　看護職は、対象となる人々の秘密を保持し、取得した個人情報は適正に取り扱う。」）。

　実際に、入院中の患者がお財布がなくなったと訴えられ、看護師と一緒に患者の荷物などを探しても見つからず警察への届出を希望されたため、警察官が現場に来られ患者に事情聴取された後、患者の病気は何か、と聞かれた事例で、警察官が「僕たちの仕事は疑うことだからね。」と言われたので、私は「看護師の仕事は、患者を信じるところから始まります。」と言い、最後まで病名は教えなかったという経験があります。

Q22　学校から入院患者の回復状況を聞かれたときは？

　当院には学校の部活動で受傷して入院している中学生がいます。その中学校の部の顧問の教員から、回復状況について電話で問合せがあったのですが、答えてもよいでしょうか。

ポイント

◇患者が未成年の場合は、第三者への情報提供について親権者の同意を得る必要性の有無を事案ごとに慎重に検討する

◇学校からの問合せの場合には、原則として回答せず、病院ではなく家族に対して問い合わせるように案内する

A

◆患者情報を扱うときの注意

　看護師は、保助看法上の守秘義務を負っており、業務上知り得た人の秘密を正当な理由なく第三者に開示することはできません（保助看法42の2）。これに違反すると、刑事罰（保助看法44の4①）や行政処分（保助看法14①）を受けるおそれがあります。また、プライバシーの侵害として、民事責任を問われるおそれもあります。

　また、病院は、個人情報取扱事業者として、個人情報保護法を遵守する必要があります。

◆未成年者の場合の第三者への情報提供同意

　まず、本設問において、患者の回復状況も、看護師として「業務上

知り得た人の秘密」であり、かつ患者の個人情報です。そして、学校の教員は第三者ですから、上述した守秘義務やプライバシーの問題、さらには、個人情報保護法のいずれの観点からも、第三者である教員からの問合せに対しては、あらかじめ本人の同意を得ない限り、原則として患者の回復状況を答えることはできません。

　さらに、本人が未成年者の場合には、親権者の同意の要否について検討する必要があります。

　この点について、例えば、「医療・介護関係事業者における個人情報の適切な取扱いのためのガイダンス」（平成29年4月14日、令和2年10月一部改正、個人情報保護委員会、厚生労働省）では、「個人情報の取扱いに関して同意したことによって生ずる結果について、未成年者、成年被後見人、被保佐人及び被補助人が判断できる能力を有していないなどの場合は、親権者や法定代理人等から同意を得る必要がある。」と指摘されています。

　したがって、本設問のように本人が中学生の場合は、第三者に情報提供するには、原則として親権者の同意を得ることを考えるべきです。特に、本設問における患者は、部活動で受傷していますので、当該部の顧問である教員は、場合によっては、受傷に対する責任を問われるべき立場である可能性があります。そのような教員に対する情報提供については、親権者が判断すべきであると考えられますので、本設問において問合せに回答するには、親権者の同意を得る必要があります。

◆具体的な対応方法

　前述のような事前の同意があれば、法的には教員に対して回答することはできることになります。

　しかし、医療情報は極めてセンシティブな情報であるため、承諾を得た範囲と看護師が回答した範囲に離齬が生じたり、看護師の回答内

容をめぐって後日思わぬトラブルが生じたりするリスクがあります。
また、電話による問合せの場合、相手の身分確認をすることができず、
なりすましの被害に遭う可能性もあります。

　したがって、このようなリスクを避けるべく、実際の対応としては、
教員に対しては回答せず、家族に問い合わせるように案内することが
望ましいと考えられます。

Q23　感染症について配偶者には言わないでほしいと頼まれたときは？

　配偶者に感染するリスクのある感染症に罹患している患者から、配偶者に対しては何も言わないでほしいと頼まれました。感染防止のために配偶者にも患者の療養生活上の注意点を伝えたいのですが、伝えてはいけないでしょうか。

ポイント

◇守秘義務や個人情報保護法の観点からは、配偶者への情報開示に正当な理由があると認められる場合でも、患者のプライバシー保護の観点から、医療従事者から配偶者に直接伝えることはできるだけ避け、患者本人から伝えさせる

◇医療従事者から伝えなければいけないような場合には、伝える内容や伝え方等について本人とよく相談し、同意が得られるように本人を説得する

A

◆守秘義務との関係
　看護師は保助看法上の守秘義務（保助看法42の2）を負っていますが、これに加えて、当該感染症が、「感染症の予防及び感染症の患者に対する医療に関する法律」に規定する感染症（一類感染症、二類感染症、三類感染症、四類感染症、五類感染症、新型インフルエンザ等感染症、指定感染症及び新感染症）に該当する場合には、同法上の守秘義務（同法74①）も負い、正当な理由なく患者情報を漏らすとこれらの守秘義務違反となります。

どのような場合に「正当な理由」が認められるのかについて、通説的見解では、①法令行為、②第三者の利益を保護するための場合、③本人の承諾がある場合、④その他緊急避難に当たる場合などが挙げられています。

例えば、配偶者への感染リスクが高く、それにより重大な結果が予期されるような場合には上記④に該当するとして、患者の配偶者への情報提供には「正当な理由」があるとされる可能性もありますが、正当な理由の有無については、事案ごとに慎重な検討が必要となります。

◆個人情報保護法との関係

病院は、患者の情報を取り扱うに当たって、個人情報保護法を遵守しなければなりません。

患者の配偶者は、患者との関係では第三者となりますので、原則として患者の診療情報を配偶者に伝えるには患者本人の同意を取得する必要があります（個人情報法27①）。ただし、「人の生命、身体又は財産の保護のために必要がある場合であって、本人の同意を得ることが困難であるとき」には、本人の同意なく第三者提供することができるとされています（個人情報法27①二）。

ここでいう「本人の同意を得ることが困難であるとき」には、本人が同意を拒む場合も含むと考えられていますので（「医療・介護関係事業者における個人情報の適切な取扱いのためのガイダンス」平成29年4月14日、令和2年10月一部改正、個人情報保護委員会、厚生労働省）、本設問において、配偶者の生命身体保護の観点から必要があると判断される場合には、その必要性が認められる範囲において患者本人の同意なく情報提供を行っても、個人情報保護法の観点からは違反にはならないと考えられます。

◆プライバシーの侵害への配慮

　それでは、守秘義務や個人情報保護法の観点から問題がない場合は、配偶者への開示について何も問題がないかというとそうではありません。患者のプライバシーの侵害についても考える必要があります。

　例えば、HIV感染症に罹患しているという情報を勤務先の病院で同意なく共有されたという事案において、「何らかの労務管理上の措置をとる必要があったとしても、HIV感染の情報をそうした目的に利用することについて事前に原告の同意を得ることは十分に可能であったのであるから、これを得ないまま本件情報共有をしたことが違法であることに変わりはない」等と判示してプライバシー侵害を認めた裁判例もあります（福岡地久留米支判平26・8・8判時2239・88）。

　上記裁判例は、本設問とは前提となる事情が異なりますが、感染症に関する情報は、本人の生活等に対する影響が特に大きいため、プライバシーに対する配慮が非常に重要となります。

◆本設問の対応について

　以上のような観点から、本設問においては、患者本人のプライバシーを重視して、医療従事者から直接伝えるのではなく、感染防止のために配偶者が注意すべき点を患者本人に対して十分に説明し、配偶者向けの説明文書を本人に交付する等して、本人から配偶者に対して当該注意点を伝えさせることが適切です。

　また、本人から配偶者に伝えさせることが不可能な事情がある場合は、配偶者の生命身体の危険の重大性や切迫性の程度と、配偶者への情報開示が本人に与える影響等を考慮して、配偶者に伝える内容や伝え方等を本人とよく相談して、医療従事者からの情報提供に同意するよう本人を説得することが必要です。

❀　先輩看護師からのアドバイス　❀

　産科病棟などでは、特に注意が必要です。実際の対応例として、以下のようなものがあります。

・HIV検査

　検査前に「検査同意書」で自分以外（パートナー等）に結果を伝えるか否かの同意書を取るようにしています。

　HIV陽性の場合、帝王切開になるため、その説明においてパートナーはどうしても検査結果に触れることになり、パートナーへ伝えることが必要になってくる等、情報開示の重要性を医師から説明しています。患者にはパートナーに説明するのが不安であれば、医師・助産師等が同席することも可能であることを伝えます。

・B型肝炎ウイルス（HBV）検査

　母子感染予防目的で、妊娠初期の検査として実施されます。母子手帳にも母子感染予防と目的が記載されています。

　この検査結果は、本人のみに伝えています。パートナーと二人で受診されている場合が多いのですが、検査結果を説明する場合には、診察室内には患者のみご案内するようにします。

　HBV陽性の場合は、患者に新生児への対応の必要性、流れを説明し、新生児へのグロブリン接種の同意を取得しています。同時に医師から新生児への接種が必要なため検査結果はパートナーに伝える必要があることを説明します。もちろんパートナーの検査やフォローの必要性も説明します。検査結果については、患者からパートナーに伝え情報を共有してもらいます。患者からパートナーに説明することが難しい場合などは、医師・助産師・看護師などもサポートが可能であることを説明し、患者が説明できるよ

うに支援します。患者がパートナーに検査結果を伝えていない
と、トラブルの原因になる場合があるため、受診時などにパート
ナーに伝えられたか、パートナーの反応を聞いたり、追加説明の
必要がないかなどパートナーが正しく理解できるようフォローし
ていくことも大切だと考えています。

Q24　見舞客から患者の病室を聞かれたときは？

　ナースステーションで、見舞客と思われる人から入院患者の病室を聞かれましたが、答えても大丈夫でしょうか。

ポイント

◇患者の病室を回答するということは、患者に関する情報を開示することにつながるため、患者の同意なく回答することは避ける

A

◆患者情報の取扱いに関する法律

　まず、看護師は、保助看法上の守秘義務を負っており、業務上知り得た人の秘密を正当な理由なく第三者に開示することはできません（保助看法42の2）。

　次に、病院は、個人情報取扱事業者として、あらかじめ本人の同意を得ずに、データベース等を構成する個人情報を第三者に提供することは原則できません（個人情報法27①）。

◆本設問における対応方法

　本設問では患者の病室が尋ねられていますが、患者の病室を回答するということは、患者が現在、当病院に入院しているという情報を提供するということでもあります。

　患者の入院に関する情報は、前述した、看護師として「業務上知り得た人の秘密」であり、また個人情報保護法上の「個人情報」に当たります。

　したがって、本設問のような問合せに回答するには、原則として本

人の同意を得る必要があります。

　では、見舞客は、患者が当病院に入院していることを知って訪問したものの、病室を把握していなかったために確認してきたというケースであったらどうでしょうか。この場合、入院している事実は既に開示されていることから、病室については回答してもよいといった考え方もあるかもしれません。しかし、病室には内側から鍵が掛けられるわけでもなく、マナーとして入室の際にノックをするとしても、基本的には病室を知った者は患者の都合と関係なく入室することが可能です。また、どの病室かといった情報も、例えば一般病室（大部屋）なのか個室なのか等といった情報を含むものであり、患者ごとに見舞客に対する状況や考え方は様々であることが考えられます。

　したがって、病室を答えたことで、患者の意図せざる訪問や情報開示を生じさせてしまい、不測の紛争を招いてしまう結果となる可能性があります。

　そこで、このような事態を回避するために、たとえ見舞客が入院事実を知っている場合であっても、やはり患者に確認することなく病室を答えることは避けた方がよいでしょう。

　そのため、例えば、入院時の説明の際など、事前に本人に対して見舞客への対応（病室案内等）についての意思を確認しておくことが望まれます。

❀　先輩看護師からのアドバイス　❀

　見舞客や来訪者は、そもそも病室番号を知っている方でないと入館できないようにする等の工夫をするとよいでしょう。いずれにせよ、実際の現場では、病院職員から病室などをお教えすることはないようにしています。

Q25　離婚して親権のない親に病状説明をしても大丈夫？

　両親が離婚している未成年の入院患者がいます。親権を有する親は全く見舞いに来ず、親権のない親の方が心配して頻繁に見舞いに来ています。このような状況の場合、心配して見舞いに来ている親権のない親に病状を説明してもよいでしょうか。

ポイント

◇病状説明をする場合は、患者本人からの同意に加え、親権を有する親の同意を得ておくことが望ましい

◇親権を有する親の協力を期待できない場合には、子の福祉保護の観点から適切な対応を検討する

A

◆親権とは

　未成年の子は、親権に服すると規定されています（民818①）。父母の婚姻中は原則共同親権となりますが（民818③）、離婚に際しては父母どちらか一方の単独親権へと移行します（民819①）。

　親権とは、子の福祉を護るために親に認められた特殊の法的地位であり（熊本家天草支審昭40・11・11判タ200・189）、大きく分けて身上監護・教育権（民820）と財産管理権（民824）の二つを内容とします。

◆診療情報の取扱い

　患者の診療情報は個人情報保護法上の「個人情報」に該当し（個人情報法2①一）、第三者に提供するためには原則として本人の同意を得る

必要があります。たとえ患者の親であっても、患者との関係では第三者に当たるため、生命や身体の保護に必要である等といった個人情報保護法上の例外事由に該当する場合を除き、情報提供するには本人の同意が必要になります。

　この点について、患者の家族に対する病状説明は患者への医療提供のために必要な目的であり、家族への説明に関する院内掲示等によって患者の黙示の同意が得られているものと考えることもできますが、「医療・介護関係事業者における個人情報の適切な取扱いのためのガイダンス」（平成29年4月14日、令和2年10月一部改正、個人情報保護委員会、厚生労働省）では患者の家族に対して病状説明するに当たっては、あらかじめ患者の意思を確認し、同意を得ることが望ましいとされています。

　上記ガイダンスでは、本人からの申出があれば、治療の実施等に支障を生じない範囲において、現実に患者の世話をしている親族及びこれに準ずる者を説明の対象に加える取扱いをすることができる旨の方針が示されています。このことからすれば、本設問において、患者の意思を確認した上で、患者同席の下、見舞いに来ている親権のない親に対して情報提供することはできると考えられます。

　ただし上記ガイダンスにおいて、未成年者が個人情報の取扱いに関して同意したことによって生ずる結果について判断できる能力を有していない場合には親権者や法定代理人等の同意を得る必要があるとされていることや未成年者の個人情報の開示請求が可能な代理人は法定代理人及び本人が委任した代理人とされていること（個人情報法37③、個人情報令13）、及び後日の紛争予防の観点から、親権を有する親の同意を得てから開示することが望ましいでしょう。

　なお、親権を有する親が親権のない親への説明に同意をせず、自身も患者に対する医療上必要な説明を聞かない等、未成年者に対する医療を阻害するような場合には、状況によっては親権の濫用に当たる可

能性があり、さらには虐待（ネグレクト）の可能性も疑われますので、福祉事務所や児童相談所への通告（児童虐待防止法6①）について検討することが考えられます。

❀　先輩看護師からのアドバイス　❀

対応の実例としては、未成年者の患者の場合、入院時に同行してきた成人の方に患者の同意の下患者の家族背景などを聴取し、キーパーソンの確認をして緊急時の連絡先等を確認しています。また、離婚した親の一方に子供の病状説明を求められても、親権のない親の場合は、親権を有する親の承諾なくして説明していません。

Q26　患者との記念写真をSNSに投稿しても大丈夫?

年齢が近いため入院中に仲良くなった患者が退院する際に、病室で一緒に記念写真を撮りました。その写真を私の個人のブログに掲載してもよいでしょうか。

ポイント

◇患者のプライバシー侵害、個人情報漏えい等のリスクがあるため、原則として病院内で撮影した写真をSNSに掲載してはいけない

◇SNSが個人的な利用(友人のみの非公開設定等)であったとしても、投稿したものは一般に公開される可能性があり、SNSの利用は細心の注意を払う必要がある

A

◆看護師によるSNSの利用

SNSとは、ソーシャルネットワーキングサービス(social networking service)の略称であり、パソコンやスマートフォンで、テキストメッセージ、写真、動画等のやり取りを行うサービス全般をいいます。連絡手段や情報交換等のツールとして活用している看護師の方も多いと考えられます。

もっとも、SNSに看護師が業務上知り得た情報を記載することは、看護師の守秘義務(保助看法42の2)に違反するほか、記載した情報が患者の個人情報である場合、患者のプライバシー侵害や個人情報保護法違反にもなり得ます。また、医療機関内部で撮影した写真等を掲載す

ることは、当該看護師の所属する医療機関の業務上の信用低下に対する法的責任の問題も生じ得るため、行ってはいけません。

　匿名で行っているSNSや、非公開設定のSNSであっても同様です。非公開設定になっているSNSや限られたグループ内でのみ、閲覧可能なSNSへの投稿の場合、友人等の限定されたメンバーにしか閲覧されないので大丈夫と軽く考えてしまいがちですが、一たびSNSに公開された以上、他のメンバーが一般に公開するといったリスクもあります。

◆患者との記念写真の投稿

　本設問のように、入院中に仲良くなった患者と写真撮影を行う機会もあるかもしれません。このような場合、当該患者の同意なく写真をSNSに掲載することは、上記のとおり、患者の個人情報の漏えいに該当することから行ってはいけません。

　また、患者の明示の同意を得た場合であっても、病院内で撮影した写真には、他の患者が写り込んでいる等、第三者のプライバシー侵害や個人情報の漏えい等につながるリスクがあるほか、医療現場における業務に支障を来す可能性があることから、SNSには原則として掲載するべきではありません。

　病院内で撮影した写真をどうしても掲載したい場合は、当該患者の同意を得る必要があるほか、掲載により病院業務に支障が生じないよう、病院の管理者に掲載許可を得る必要があります。

◆SNSの利用には細心の注意を

　平成29年には、看護師が、手術した患者と当該手術を行った医師・看護師の写真を、顔は写らない形でインスタグラムに投稿したことが実際に問題となっています。このケースでは患者の個人情報を漏えいしたわけではなかったものの、当該看護師の所属する医療機関名が報

道され、医療機関は記者会見を開き謝罪する事態となっています。

　また、本設問のような写真の投稿以外にも、SNSの利用には細心の注意を払う必要があります。例えば、SNSに患者に対する不満を投稿した場合、当該患者の氏名等を匿名化した場合であっても、他の投稿等から、当該投稿を行った看護師の所属する医療機関が特定され、結果として医療機関の信用低下を招くリスクもありますので注意が必要です。

✿　先輩看護師からのアドバイス　✿

　実際の現場では、本設問のような行為は、絶対してはいけない行為として周知・教育等しています。軽率な判断をしないようにくれぐれも気を付けましょう。

Q27　自分の家庭内で担当患者のことを話しても大丈夫？

　担当患者の中に非常に問題のある方がいて苦労が絶えず、家庭で配偶者に仕事の愚痴をこぼす中で、ついその患者の具体的な事柄も話してしまいましたが、家庭内であれば大丈夫でしょうか。

ポイント

◇家族であったとしても、業務上知り得た秘密や個人情報を漏えいしてはならず、漏えいしたことについて法的責任を負う可能性がある
◇友人の看護師であっても同様である

A

◆看護師の守秘義務

　Q21で解説したとおり、看護師は、正当な理由がなく、その業務上知り得た人の秘密を漏らしてはならず（保助看法42の2）、違反した場合、6か月以下の懲役又は10万円以下の罰金に処せられる可能性があります（保助看法44の4）。また、Q24で解説したとおり、患者の個人情報を漏えいすることは、個人情報保護法違反の問題も生じます。この「秘密を漏らしてはならない」対象は、家族や有資格者の友人であっても同様です。誰であったとしても、第三者に対し、正当な理由なく、業務上知り得た情報や個人情報を漏えいしてはいけません。

◆家族への情報漏えい

　本設問のように、家族に対し仕事の愚痴をこぼすことは一般的によ

くあると考えられます。もっとも、家族に対する愚痴であったとして
も、守秘義務に違反しないよう留意が必要です。

　例えば、病院に勤務する看護師が、夫に対し、同病院に入院してい
た患者の病状や余命、当該患者の両親の経営する飲食店の情報を特段
の口止めをせず話したところ、これを聞いた夫が当該飲食店において、
患者の両親に対し、「娘さん、長くないんだって。」「あと半年の命なん
やろ。」などと述べてしまい、これにより不安を感じ、秘密が漏えいさ
れた精神的苦痛に対する慰謝料を病院に請求したという事案（福岡高
判平24・7・12（平24（ネ）170））では、「夫婦間の会話において、互いの職
業上体験した事実が話題になることはあり得ることであるが、A（注：
患者）の病状の重大性からすると、大変重い病気にかかっていること
や余命については、医師がその判断によって本人や控訴人等の親族に
告知する以外の方法でこれが明らかにされることを避けるべき必要性
が高く、高度の秘密として秘匿すべきことはいうまでもなく、このよ
うに秘匿すべき程度の高い秘密を、その個人が特定できる形で漏洩し、
そのことが伝播する可能性を認識しながら口止めもしなかったという
のは、軽率のそしりを免れない」と判示し、看護師の不法行為の成立
を認めています。

　なお、上記裁判例では、看護師が家族に話す際、口止めしなかった
点も不法行為が成立する要素として考慮されていますが、口止めをし
たとしても、家族は第三者ですから、業務上知り得た秘密や個人情報
について、正当な理由なく話すべきではないといえます。

Q28　処方された薬を紛失して届出をするときは？

　処方された薬について薬剤部から払出しを受けたのですが、患者に渡す前に紛失してしまいました。どうすればよいでしょうか。

ポイント

◇医薬品の管理については、医薬品の種類に応じて法律上の定めがあり、紛失の場合に必要な届出などが規定されている医薬品もある

◇紛失に気付いたら、まずは直ちに責任者に報告して、その指示を受ける

A

◆はじめに

　医薬品の管理について定めている法律には、医薬品、医療機器等の品質、有効性及び安全性の確保等に関する法律のほかに、麻薬及び向精神薬取締法（以下「麻向法」といいます。）や覚せい剤取締法などがあります。

　医薬品を紛失した場合に、法律上どのような対応が必要となるのかについては、例えば、麻向法や覚せい剤取締法等に個別に定めがありますが、紛失に気が付いたら、こうした法律の定めに従った対応を行うことができるように、直ちに責任者に報告すべきであるという点は同じです。

　以下では、紛失した医薬品が、向精神薬、麻薬である場合を例として、麻向法に定められた対応について述べます。

◆向精神薬について

　下記の表の数量以上の滅失、盗取、所在不明その他の事故（以下「事故」といいます。）が生じた場合、病院の開設者は、速やかに品名、数量、事故の状況を明らかにするために必要な事項（麻向法施行規則41②）について、病院所在地を管轄する都道府県知事に届け出る必要があります（麻向法50の22①、麻向法施行規則41①）。

　また、下記の表の数量に満たない場合であっても、それが盗取や詐取による場合には、都道府県知事及び警察署に届け出ることが求められています（「病院・診療所における向精神薬取扱いの手引」平24・2・15薬食監麻発0215第1）。

剤　　形	数　　量
末、散剤、顆粒剤	100グラム（包）
錠剤（※）、カプセル剤、坐剤	120個
注射剤	10アンプル（バイアル）
内用液剤	10容器
経皮吸収型製剤	10枚

※ODフィルム剤は「錠剤」に当たります。

　なお、麻向法72条7号では、向精神薬を紛失したこと自体に対してではなく、事故の届出義務に違反した場合に対する罰則が定められています。

　したがって、薬剤の紛失に気が付いたときは、仮にそれが自分のミスによるものであったとしても、最善の対応がとれるよう、看護管理者等の責任者に直ちに報告してください。

◆麻薬について

　麻薬の場合、その管理は麻薬管理者（麻薬管理者がいない場合は麻薬施用者）が行わなければなりません（麻向法33②）。なお、麻薬管理者とは、都道府県知事の免許を受けて、麻薬診療施設で施用され、又は施用のため交付される麻薬を業務上管理する者のことで（麻向法2十九）、麻薬診療施設において麻薬施用者（都道府県知事の免許を受けて、疾病の治療の目的で、業務上麻薬を施用し、若しくは施用のため交付し、又は麻薬を記載した処方せんを交付する者（麻向法2十八））が二人以上診療に従事している場合には、原則として麻薬管理者を1名置く必要があるとされています（麻向法33①）。

　そして、麻薬について事故が生じた場合、麻薬管理者は、向精神薬と同様、速やかにその品名、数量、事故の状況を明らかにするために必要な事項について都道府県知事に届け出る必要があります（麻向法35①・麻向法施行規則12の5）。盗取による場合には警察署にも届け出る他、盗難や詐取等の蓋然性が高い場合にも都道府県薬務主管課又は保健所にその状況を報告するとともに、警察に連絡するよう求められています（「病院・診療所における麻薬管理マニュアル」平23・4・15薬食監麻発0415第2）。

　また、麻薬管理者は、上記届出を行った麻薬の品名及び数量について麻薬診療施設に備える帳簿に記載し（麻向法39①四）、麻薬事故届の写しを保管することも求められています（上記マニュアル）。

　なお、麻薬の場合も、事故の届出義務に違反した場合に対する罰則が定められています（麻向法70十・71）。

　したがって、麻薬の紛失に気が付いたときは、直ちに報告して麻薬管理者の指示に従ってください。

❀　先輩看護師からのアドバイス　❀

　医療現場での対応の実例をいくつか紹介します。

① 麻薬を紛失した場合の対応

　㋐ 使用後のテープを間違って廃棄した場合

　　都道府県知事への届出等は必要ありません。麻薬帳簿と処方箋に「使用済み未回収」と記入します。

　㋑ 注射薬を間違って廃棄した場合

　　都道府県知事に麻薬事故届を提出します。都道府県知事の立入調査対象となります。

　㋒ 死亡退院、退院後で麻薬を使用しなくなった患者の内服薬（麻薬）を間違って廃棄した場合

　　都道府県知事に麻薬事故届を提出します。都道府県知事の立入調査対象となります。

　　誤って捨ててしまった事実があるので、当日であればごみ箱まで探します。探さないまま事実だけを都道府県知事に報告した場合、院内調査が不十分ということになります。

② 患者に処方された一般内服薬を間違ってごみ箱に廃棄したと思われる場合

　　とりあえず探します。誤って廃棄した場合の再処方は全額自費なので病院側のミスなら病院負担を原則としています。

第 3 章

他職種との協働に関する
法的ポイント

90

Q29　医師の指示内容に疑問を感じたときは？

　医師の指示書に記載された投薬量がいつもの倍の量になっています。記載ミスかとも思うのですが、何かの理由で今日は倍なのかもしれません。気難しくて質問すると不機嫌になる医師なので、そのまま投与してもよいでしょうか。

ポイント

◇万一、指示書が間違っており、有害事象が発生した場合には、投与した看護師も責任を問われることがある
◇看護師は、医師の指示内容に疑問を感じた場合、指示に間違いがないか医師等に確認しなければならない

A

◆診療の補助と医師の指示

　看護師は、与薬等の診療補助行為については、医師の指示に基づいて実施する必要があります（保助看法5・37）。

　しかし、診療の補助は、いかなる場合でも漫然と医師の指示を実施すればよいというものではありません。特に、医師の指示が不適切であり、その不適切な指示に基づく診療補助行為によって患者に有害事象が発生した場合、不適切な指示をした医師が法的責任を負うのは勿論ですが、診療補助行為をした看護師もまた、次に述べるように法的責任を負う場合があります。

◆医師の指示内容に看護師として疑問を感じるべき場合

　まず、看護師も医師の指示内容をチェックする必要があります。こ

こで求められるのは、医師と同水準での指示内容のチェックではなく、看護師がその当時一般的に有すべき専門的知識、経験等に照らしたチェックです。例えば、本来希釈すべき薬剤の投与において希釈指示が出ていない場合に、看護師がその当時一般的に有すべき専門的知識、経験等に照らせば、希釈しないのはおかしいと考えられるのに、希釈指示の欠如についてチェックせず、漫然と原液のまま投与したような場合には、看護師に求められる注意義務を尽くしていないとして法的責任を負うことになるでしょう。このような場合には、看護師としても、希釈指示が出ていないのはおかしいのではないかという疑問を持つ必要があるということです。裁判例の中には、「医師の具体的指示が存在する場合でも、看護師がその当時一般的に有すべき専門的知識・経験等に照らし」て、重大な異常を認識することが可能であった場合には医師に報告して指示を受けるべきであり、「医師の指示が不適切である場合に漫然とこれに従ったというのみでは、看護師としての注意義務を尽くしたことにはならず、不適切な指示をした医師自身とは別に、看護師自身もまた過失責任を負うというべきである」等と判示しているものもあります（福岡高判平31・4・25判時2428・16）。

◆医師の指示内容に疑問を感じたのにそのまま実施した場合

　次に、看護師として医師の指示内容に疑問を感じたら、医師等に確認する等、患者安全を担保するための具体的な行動をとる必要があります。この点について、裁判例の中には、「医師の指示内容に不明な点や疑問点等があれば、医師や薬剤師に再度確認する等して、薬剤の誤投与、誤注射を防ぐべき注意義務」がある等と判示しているものもあります（京都地判平17・7・12判時1907・112）。

　このように、医師の不適切な指示について、看護師として指示内容に疑問を感じたのに確認をする等の具体的な行動を何らとらなかった

場合、看護師に求められる注意義務を尽くしていないとして、医師とは別に法的責任を負うことになるでしょう。

◆水際での患者安全のために

本設問では、指示された投薬量について、看護師がその当時一般的に有すべき専門的知識、経験等に照らして疑問を感じるべき場合であれば、医師等に投薬量に間違いがないか確認する必要があります。

医師も人間なので感情の波はあるかもしれませんが、気難しくて質問すると不機嫌になるからといって、患者安全のために必要な行動を躊躇することがあってはなりません。

看護師は、診療補助行為においても、医師と同様に患者の安全に対する責任を負っており、水際でその責任を果たす行動をとることが法的にも求められていることに十分留意する必要があります。

❀　先輩看護師からのアドバイス　❀

主治医はもちろんのこと、24時間患者を看ている看護師だからこそ患者の安全を第一に考えた看護行為が提供できなければなりません。医師の指示に明らかに疑問を抱く場合には、必ず医師に確認をして自分の抱いている疑問を整理して、納得できた状態で医師の指示を実施していくことが必要です。

Q30　以前勤めていた病院では医師が行っていた業務を指示されたときは？

　新しく勤務を開始した病院で、医師から経口用気管チューブの挿管を指示されましたが、以前勤めていた病院では医師が行っており、看護師の業務ではありませんでした。これは看護師が行ってよい業務なのでしょうか。

ポイント

◇看護師が行ってはいけない行為の範囲は、法律上具体的に定められているわけではなく、時代等によっても変化し、個別具体的に判断される

◇経口用気管チューブの挿管は、診療の補助の範囲と考えられているため看護師が医師の指示の下で行うことも可能であるが、実際に看護師が行うかどうか等は、医療安全の観点から具体的事情に応じて決められる必要がある

A

◆絶対的医行為とは

　医師法17条は「医師でなければ、医業をなしてはならない」と定めており、医行為は医師の独占業務とされています。ここで医行為とは、「医療及び保健指導に属する行為のうち、医師が行うのでなければ保健衛生上危害を生ずるおそれのある行為」（最決令2・9・16判タ1487・161）をいいます。

　一方、看護師は、診療の補助を行うことができ（保助看法5）、医師が

行うのでなければ衛生上危害を生ずるおそれのある行為についても、原則として主治の医師の指示があれば行うことが可能とされています（保助看法37）。

　そこで、看護師は医師の指示によってどの範囲まで衛生上危害を生ずるおそれのある行為を行うことができるのか、逆にいえば、医師が常に自ら行わなければならず、たとえ医師が指示したとしても医師以外は行ってはいけない行為（これは「絶対的医行為」と呼ばれます。）は何かが問題になりますが、この問題について法律に具体的な定めはありません。

　もっとも、歯科医師の医科研修における同様の問題について、次のような政府見解が示されています。

　「厚生労働省としては、ある行為が医師が常に自ら行わなければならない『絶対的医行為』に該当するか否かについては、当該行為が単純な補助的行為の範囲を超えているか否か及び医師が常に自ら行わなければならないほどに高度に危険な行為であるか否かに応じて判断する必要があると考えており、……、個別具体的な行為の内容に即して判断する必要があると考えている」（内閣参質155第14号平成15年1月28日）

　すなわち、医師の指示があったとしても看護師が行うことはできない絶対的医行為に当たるか否かは、その時代における様々な状況を踏まえて個別具体的に判断されることになるのです。

◆診療の補助行為の範疇とされる例

　何が絶対的医行為であるかの判断は、時代によっても変化します。例えば、静脈注射は、昭和26年厚生省医務局長通知（昭26・9・15医収517、昭26・11・5医収616、現在は廃止）では絶対的医行為であるとされていましたが、平成14年厚生労働省医政局長通知（平14・9・30医政発0930002）では、それまでの行政解釈を変更し、診療の補助行為の範疇として取り扱うものとするとされています。

　そして、現在、診療の補助行為の範疇とされているものとしては、前述の静脈注射のほかに、例えば、在宅等で看護師が行う、処方された薬剤の定期的、常態的な投与及び管理について、患者の病態を観察した上で、医師の事前の指示に基づきその範囲内で投与量を調整すること等があります（平19・12・28医政発1228001）。

　また、特定行為は診療の補助と解されている行為ですから、特定行為とされている38行為についても、診療の補助行為の範疇にある行為といえます。

　さらに、経口用気管チューブ又は経鼻用気管チューブの挿管や抜管、直腸内圧測定、膀胱内圧測定、褥瘡又は慢性創傷における血管結さつによる止血も、診療の補助行為の範疇であると解されています（平27・10・1医政看発1001第1）。

　よって、本設問における経口用気管チューブの挿管は、上述の平成27年通知に明示されている通り、医師の指示によって看護師が行うことも保助看法上は可能です。

◆診療の補助だとしても医療安全の観点が第一

　もっとも、医師法や保助看法の観点から、診療の補助として看護師が医師の指示の下行うことができる行為だとしても、実際の医療現場において、必ず看護師が行うものとは限りません。

　すなわち、実際に当該行為を実施する場合には、当然ながら医療安全の観点から患者に危害が生じないようにしなければなりません。

　そこで、本設問の経口用気管チューブの挿管についても、看護師に対する研修の状況や施設内基準の状況等の様々な事情に応じて、医療機関によって医師が行うか看護師が行うか等の対応が異なるということが考えられます。前述の平成27年通知においても、経口用気管チューブの挿管等は、「行為の侵襲性が高く、かつ技術的な難易度が高い医

行為であるため、看護師等に当該行為を実施させようとする医療機関
の開設者等は、看護師等が当該行為を実施するに当たり、医師又は歯
科医師の指示の下に、安全に実施できるよう、当該機関において研修
を実施するよう努めること」等とされています。

　また、医師としても、安全な実施のために、患者の症状や個々の看
護師の能力等に照らして、医師自らが行うか看護師に指示を出すか等
の判断を個別に行うことになります。

　なお、古い刑事裁判例ではありますが、例えば、静脈注射に関して、
看護師に対し、「患者の注射を行うべき静脈の発見が困難な場合には、
医師にその旨を報告して、医師に替つて注射をしてもらうか、または、
医師に具体的な指示を求めて、他の個所の静脈に注射を施すなどの適
当な措置を執るか、あるいは、医師の指示にもとづいて静脈を誤りな
く確認したうえで注射を行うかなどして万全の措置を講じ、(中略)起
り得る危害の発生を未然に防止するよう周到な注意をなすべき業務上
の義務がある」等と判示したものもあります（仙台高判昭37・4・10判時
340・32）。

　このように、法令上看護師が行うことができる行為かどうかは入り
口の問題にすぎず、たとえ診療の補助行為の範疇であるとしても、実
際に誰がどのように行うかは、患者に危害が生じないように医療安全
の観点から具体的事情に応じて判断されるべきものであることに留意
しましょう。

❀　先輩看護師からのアドバイス　❀

　以前、着任したばかりの時に経験したことです。
　看護師による静脈注射実施については、平成14年9月30日医政
発0930002号厚生労働省医政局通知により「看護師等が行う静脈

注射は、診療の補助行為の範疇として取り扱う」という新たな行政解釈が示されていました。

　しかし、当時看護部では、看護師が静脈注射を実施する体制が整えられていませんでした。外来看護師が他施設から異動してきた医師に静脈注射（血管確保）を実施するように指示され、看護師ができないと断った際に、医師から「他の病院ではやっているのにどうしてできないのか。とにかくやって」としつこく言われたと報告を受けたことがあります。

　このような事例を受けて、「静脈注射実施認定資格制度」導入のためのプロジェクトを企画しました。プロジェクトチームで「静脈注射実施マニュアル」を作成し、知識・実技テストで院内認定資格が取得できる制度にしました。この制度は、看護部だけではなく医師にも周知する必要があったため医局会議に提案し、意見を求めてコンセンサスを得てから運用を開始しました。

　また、HCU（High Care Unit）を開設した直後、「医師から動脈ラインルートからの採血を看護師でやってもらいたい」という要望が出たケースでは、看護部内で検討し、一般病棟ではないユニットで看護師配置も手厚いなどの環境であれば、しかるべき訓練をしたら実施可能であると判断し、HCU内限定で実施することを決定したということもあります。そのケースでは、e-ランニングでの知識の学習及びテスト、実技テストを全員に実施し、クリアした者が実施できるような体制を整えました。

　このように、診療の補助行為の範疇であるとしても、安全に実施するためには相応の体制が必要な場合もありますから、医師から指示された行為に不安を感じたら、先輩看護師や上司に相談することをお勧めします。

Q31　新人看護師でもベテラン准看護師に指示をする？

当クリニックでは看護職は私と先輩の二人しかいませんが、私は新人看護師で、よく分からないことはベテランの准看護師の先輩に教えてもらっています。このような場合でも、療養上の世話業務について、私が准看護師の先輩に指示を出さなければいけないのでしょうか。

ポイント

◇准看護師は、医師、歯科医師又は看護師の指示を受けなければ、療養上の世話業務を行うことはできない

◇あらかじめ計画されている看護の提供であれば、准看護師に対する指示として看護計画を活用する

A

◆准看護師に対する指示

准看護師は、法律上、「医師、歯科医師又は看護師の指示」を受けて、療養上の世話及び診療の補助を実施するとされています（保助看法6）。したがって、本設問の場合、准看護師は、新人看護師の指示ではなく、クリニックの医師の指示を受けて療養上の世話を実施することが法律上は可能です。

もっとも、療養上の世話は、看護師がその専門性を主体的に発揮することが期待される業務であり、「療養上の世話を行うためには、対象者の状態を総合的にアセスメントした上で、その人にとってどのような療養上の世話が必要であるのかについての的確な判断を行い、対象者の状態や個別性に応じた方法を検討する必要がある。そのため、法律上は『准看護師は医師、歯科医師又は看護師の指示を受ける』とさ

れているが、実際には看護師が対象者の状態をアセスメントした上で
最適な方法についての判断を行い、准看護師に適切に指示を出すこと
が望ましい」(「2021年度改訂版 看護チームにおける看護師・准看護師及び看護
補助者の業務のあり方に関するガイドライン及び活用ガイド」公益社団法人日本
看護協会)とされています。

　なお、医師(又は歯科医師)からの指示が出せない状況において、
療養上の世話を実施する場合は、新人看護師といえども、法律上、看
護師が准看護師に対して指示を出さなければいけないことは留意すべ
きです。

◆看護計画の活用

　准看護師に対する指示の具体的な方法について法律上の定めはあり
ません。そこで、例えば、日本看護協会は、あらかじめ計画されてい
た看護を提供する場面における准看護師に対する指示として、看護計
画を活用する方法を示しています(上記ガイドライン参照)。

　上記ガイドラインを参考にして、新人看護師であっても、自ら看護
計画の立案・評価を担うこと等を通じて、准看護師に対する指示を出
す工夫をするとよいと考えられます。

❀　先輩看護師からのアドバイス　❀

　実際の例としては、准看護師は管理業務や教育指導等の自律的
業務は行わない、准看護師だけの夜勤の組合せはしないなどの体
制にしている例があります。

　看護計画の立案・評価などの看護過程においては、看護師が責
任をもちます。本設問のような場合、新人看護師は看護技術は未
熟かもしれませんが、看護過程の展開はできるはずです。看護計
画立案をしてベテラン准看護師と共にその計画を実践してはどう
でしょうか。

Q32　経験の浅い看護補助者に患者の清拭を担当させても大丈夫？

　これまで一般事務職として企業に勤めていた方が当院に転職して看護補助者として勤務を開始しました。看護職が別の業務で手が離せないときに、患者の清拭をその看護補助者にお願いしてもよいでしょうか。

ポイント

◇看護補助者が行うことができる直接ケアかどうかは、業務内容のみならず対象患者の状態で決まる

◇保助看法上は看護補助者が実施できる業務であったとしても、看護過誤が起きた場合、実施した看護補助者本人や使用者である医療機関のみならず、指示した看護師や指導・監督すべき看護師等も法的責任を問われる可能性もある

A

◆看護補助者が行うことのできる業務

　看護補助者の業務について定めた法律はありません。もっとも、保助看法上、「(傷病者若しくはじよく婦に対する) 療養上の世話」や「診療の補助」は、看護職の免許を有していなければ行うことができませんので、看護補助者の業務範囲は、「療養上の世話」や「診療の補助」に該当しない行為に限られます。

　看護補助業務について、保険医療機関では、「看護補助は、……当該保険医療機関の主治医若しくは看護師の指示を受けた看護補助者が行

う」（平20・3・5厚労告62第5　1(3)）とされているほか、「看護補助者は、看護師長及び看護職員の指導の下に、原則として療養生活上の世話（食事、清潔、排泄、入浴、移動等）、病室内の環境整備やベッドメーキングのほか、病棟内において、看護用品及び消耗品の整理整頓、看護職員が行う書類・伝票の整理及び作成の代行、診療録の準備等の業務を行うこととする」（令2・3・5保医発0305第2）とされています。また、同通知では、「看護補助者の業務範囲について、『医師及び医療関係職と事務職員等との間等での役割分担の推進について』（平成19年12月28日医政発第1228001号）にある、『2　役割分担の具体例　(1)医師、看護師等の医療関係職と事務職員等との役割分担』に基づく院内規程を定めており、個別の業務内容を文書で整備していること」も要求されていますので、保険医療機関で看護補助者を活用するためには、院内規程及び業務内容の文書整備も必要です。

　看護補助業務について留意しなければいけない点は、食事、清潔、排泄、入浴、移動等といった対象者に直接関わる、いわゆる直接ケアの場合、看護補助者が行ってよい療養生活上の世話か、行ってはいけない療養上の世話かは、業務の内容だけで一律に決まるものではなく、対象者の状態によっても決まるということです。本設問の清拭についても、例えば、日本看護協会は、「体位変換によって容易に循環動態が変動するような患者の清拭は看護の専門的判断を要する業務であるため療養上の世話に該当するが、体位変換によって状態が変化するリスクがない人では療養上の世話に該当しない場合もある」（「2021年度改訂版 看護チームにおける看護師・准看護師及び看護補助者の業務のあり方に関するガイドライン及び活用ガイド」公益社団法人日本看護協会）と例示して指摘しています。

　したがって、本設問において、患者の清拭は、当該患者の状態によっては、看護の専門的判断を要する療養上の世話に該当するのであっ

て、その場合には、「別の業務で手が離せない」からといって看護補助者に行わせることはできないことになります。

◆看護補助者に業務を指示する場合の留意点

　仮に、看護師が患者の状態を把握した上で、療養上の世話には該当しないと判断した清拭であって、保助看法の観点からは看護補助者が行うことができる場合であったとしても、看護補助者に指示を出すに際しては、医療安全の観点から、当該業務の具体的な実施方法について留意する必要があります。

　すなわち、当然ながら指示した看護補助業務は安全に実施される必要があるところ、看護の資格がなく専門教育を受けていない看護補助者に看護補助業務を指示するに当たっては、具体的な指導・監督等によって実質的に安全を担保する必要があります。なお、前述した令和2年厚生労働省通知にも、「看護補助者は、看護師長及び看護職員の指導の下に」看護補助業務を行うとされています。

　また、看護補助者のバックグラウンドは様々であり、本設問のように、これまで一般事務職として企業に勤めていて医療現場は初めてという場合もあるため、看護補助者の活用に当たっては、業務実施体制を整備し、院内研修の状況や個々の看護補助者の知識や経験等に応じて、どのような業務分担を行うか決定する必要があります。

　なお、万が一、看護補助業務において看護過誤が発生した場合には、当該業務を実施した看護補助者本人や使用者である医療機関のみならず、具体的事情によっては、当該看護補助者に指示を出した看護師や当該看護補助者を指導・監督すべき看護師等も法的責任を負う可能性があります。

❀　先輩看護師からのアドバイス　❀

　実際には、看護補助者業務は、施設において看護補助者業務マニュアルを作成して実施されています。

　例えば、上腕骨折で他に疾病からくるリスクがない場合などのシャワー介助について、看護師が患者を安全にシャワー室まで移動させた後に看護補助者に介助してもらう等する例があります。いずれにしても患者の安全、看護補助者の安全を考慮して業務分担していきます。

　急性期病棟等でのケアは、ほとんど看護師対応となると思いますが、看護師と一緒にケアに入って看護補助者にお手伝いしてもらうこと等もあるでしょう。

Q33　介護福祉士なら喀痰吸引を担当させても大丈夫？

　法改正によって、介護福祉士は医師の指示があれば喀痰吸引ができるようになったと聞きました。当診療所に看護補助者として勤務している者が、今度、介護福祉士の資格を取るのですが、介護福祉士の資格が取れたら、看護師ではなくその看護補助者に喀痰吸引をさせてもよいですか。

ポイント

◇介護福祉士が喀痰吸引を担当するためには、当該事業所ごとに登録を受ける必要があり、診療所では担当させることはできない

◇介護福祉士であれば直ちに喀痰吸引を担当できるわけではなく、必要な研修を修了等している必要がある

A

◆はじめに

　本設問の冒頭にもあるように、「社会福祉士及び介護福祉士法」が一部改正されたことにより、医師の指示の下であることなど一定の条件の下で、介護福祉士も喀痰吸引を担当することができるようになりました（社会福祉士及び介護福祉士法2②・48の2①）。

　しかし、これにより介護福祉士であれば直ちに喀痰吸引業務を実施できるようになったわけではありませんので注意してください。

◆事業所としての登録

　介護福祉士が喀痰吸引の業務を行うに当たっては、その事業所ごとに、管轄の都道府県知事から喀痰吸引等事業者としての登録を受ける必要があります（社会福祉士及び介護福祉士法48の3①）。

　そして、喀痰吸引等事業者の申請がなされた場合に、都道府県知事が登録をしなければならない要件として、

① 医師、看護師その他の医療関係者との連携が確保されているものとして厚生労働省令で定める基準に適合していること

② 喀痰吸引等の実施に関する記録が整備されていることその他喀痰吸引等を安全かつ適正に実施するために必要な措置として厚生労働省令で定める措置が講じられていること

③ 医師、看護師その他の医療関係者による喀痰吸引等の実施のための体制が充実しているため介護福祉士が喀痰吸引等を行う必要性が乏しいものとして厚生労働省令で定める場合に該当しないこと

が規定されています（社会福祉士及び介護福祉士法48の5①）。

　上記③の要件について、社会福祉士及び介護福祉士法施行規則では、病院又は診療所は、介護福祉士が喀痰吸引等を行う必要性が乏しい場合であるとされています（社会福祉士及び介護福祉士法施行規則26の3③）。また、厚生労働省における喀痰吸引等制度に関する資料では、介護福祉士による喀痰吸引の対象となる施設の例として、介護関係施設や障害者支援施設、在宅における介護（訪問介護等）、特別支援学校などが挙げられており、医療機関は対象外とすることが明記されています（「介護職員等による喀痰吸引等実施のための制度について」厚生労働省）。

　したがって、本設問において、登録喀痰吸引等事業者でない診療所では、介護福祉士といえども喀痰吸引を担当させることはできません。

◆介護福祉士の研修

　なお、登録喀痰吸引等事業者においては介護福祉士に喀痰吸引を担

当してもらうことができますが、単に介護福祉士であればよいという
わけではありません。前掲の◆事業所としての登録の②の要件にある
「必要な措置」（社会福祉士及び介護福祉士法48の5①二）として、喀痰吸引
を担当する介護福祉士は、基本研修又は医療的ケアを修了している場
合であって、実地研修を修了している必要がある（社会福祉士及び介護福
祉士法施行規則26の3②一）等、喀痰吸引を実施するための手続を履践し
ていることが必要です。

第 4 章

働き方に関する
法的ポイント

110

Q34　同僚看護師に無視されるようになったときは？

　ちょっとしたトラブルがあってから、職場で無視されるように
なってしまいました。引継ぎのときなどに質問してもきちんと答
えてもらえないことが多く、師長に相談したのですが、師長も冷
たい態度で困っています。どうしたらよいでしょうか。

ポイント

◇職場での無視は、モラルハラスメントやパワーハラスメントに
　該当する可能性があるため、まずは組織内部のコンプライアン
　スに関するルールに従って相談等を行う
◇引継ぎを適切に行えないことは、医療安全上の問題があるため、
　医療安全管理者に相談する
◇相談等の体制がない場合や、組織内部のルールに従った対応で
　も状況が改善されない場合は、総合労働相談コーナーへの相談
　も検討する

A

◆モラルハラスメントについて

　「言葉や態度、身振りや文書などによって、働く人間の人格や尊厳
を傷つけたり、肉体的、精神的に傷を負わせて、その人間が職場を辞
めざるを得ない状況に追い込んだり、職場の雰囲気を悪くさせること」
は、職場におけるモラルハラスメントとされています（「こころの耳　働
く人のメンタルヘルス・ポータルサイト」用語解説（メンタルヘルス関係）（厚生
労働省ウェブサイト））。

　そして、周囲を巻き込んで特定の職員を無視したり、特定の職員を仲間外れにしたり、人格を傷つけるような言動を行うことはモラルハラスメントに該当するものと考えられます。

　なお、モラルハラスメントと明示されたものではありませんが、労災保険の不支給決定に対する取消しを求めた事案では、社員7名が悪口を言い、メッセンジャーで毎日のように同期らに悪口を送信し、メッセージ授受の直後にお互いに目配せして冷笑する等が行われたといった事案について、「常軌を逸したひどいいじめ、いやがらせともいうべきもの」と認定された裁判例もあります（大阪地判平22・6・23労判1019・75）。

◆パワーハラスメントについて

　一般的にパワーハラスメントは、上司の部下に対する行為が問題とされることが多いですが、上司と部下といった関係性は、「優越的な関係」の代表例にすぎず、それ以外にも、例えば、

・同僚又は部下による言動で、当該言動を行う者が業務上必要な知識や豊富な経験を有しており、当該者の協力を得なければ業務の円滑な遂行を行うことが困難であるもの

・同僚又は部下からの集団による行為で、これに抵抗又は拒絶することが困難であるもの

等についても、パワーハラスメントの前提となる優越的な関係が存在するものと考えられています（「事業主が職場における優越的な関係を背景とした言動に起因する問題に関して雇用管理上講ずべき措置等についての指針」令2・1・15厚労告5）。

　したがって、本設問において、相手方が同僚や部下であったとしても、引継ぎを適切に受けなければ業務の円滑な遂行ができませんので、パワーハラスメントも問題になる可能性があります。

　そして、上記厚生労働省告示によれば、「一人の労働者に対して同僚

が集団で無視をし、職場で孤立させること」も、パワーハラスメントに該当すると考えられる例として挙げられています。

◆医療安全上の問題

医療現場において、例えば日勤から夜勤への引継ぎ等が適切に行われない場合には、患者安全の観点から重大な問題が生じ得ます。

したがって、引継ぎにおいて十分なコミュニケーションが取れない状況は直ちに改善される必要があります。

そのため、万一、師長が適切に対応してくれないのであれば、医療安全管理者にも相談すべきといえます。

◆ハラスメントを受けたと思われる場合

ハラスメントを受けたと思われる場合、まずは、当該医療機関の内部規則等に沿って、上司や内部相談窓口等にて相談等を行うことが考えられます。また、当該医療機関がハラスメント対策の一環として、外部相談窓口を設けている場合は、当該相談窓口へ相談することも考えられます。

このような相談等の体制がない場合や、相談等含め、組織内部のルールに従った対応でも状況が改善されない場合は、都道府県労働局雇用環境・均等部（室）及び労働基準監督署等に設置されている総合労働相談コーナーに相談することも考えられます。

なお、ハラスメントは、民事責任や刑事責任などの対象となる場合もありますので、事情によっては、ハラスメントを行った者に対する法的責任の追及について、弁護士に相談することも考えられます。

Q35　患者の前で新人看護師を叱っても大丈夫？

　新人看護師の指導をしているのですが、そのうちの一人は普通の新人以上に基本的なミスが多くて困ります。患者の生命に直結する場合もあり得るので、ミスをしたらその場ですぐに叱りたいのですが、患者の前で叱ってもよいでしょうか。

ポイント

◇業務上必要かつ相当な範囲を超えた叱責はパワーハラスメントになることもある

◇指導担当として適切に指導を行う必要があるが、事情に応じてできる限り人前で叱らないようにするなど指導方法についての配慮が必要

A

◆職場におけるパワーハラスメントとは

　職場におけるパワーハラスメントとは、「職場において行われる優越的な関係を背景とした言動であつて、業務上必要かつ相当な範囲を超えたものによりその雇用する労働者の就業環境が害される」もの（労働施策推進30の2①）をいいます。つまり、

① 優越的な関係を背景とした言動であって

② 業務上必要かつ相当な範囲を超えたものにより

③ 労働者の就業環境が害されるもの

の三つの要素を全て満たしたものがパワーハラスメントに該当するとされています。他方、客観的に見て、業務上必要かつ相当な範囲で行

われる適正な業務指示や指導については、職場におけるパワーハラスメントには該当しません。

　また、「事業主が職場における優越的な関係を背景とした言動に起因する問題に関して雇用管理上講ずべき措置等についての指針」（令2・1・15厚労告5）によれば、㋐身体的な攻撃（暴行・傷害）、㋑精神的な攻撃（脅迫・名誉棄損・侮辱・ひどい暴言）、㋒人間関係からの切り離し（隔離・仲間外し・無視）、㋓過大な要求（業務上明らかに不要なことなどの強制等）、㋔過小な要求（仕事を与えないこと等）、㋕個の侵害（私的なことに過度に立ち入ること）等がパワーハラスメントの例として挙げられています。

◆指導内容が正しい場合であってもパワーハラスメントに該当することも

　本設問のように、患者の生命に直結することもあることを踏まえて、きちんとミスを注意すること自体は正しく、業務の適正な範囲内といえます。むしろ指導担当としてきちんと指導すべき義務もあるでしょう。

　問題は、その指導方法です。

　例えば、名古屋高裁平成22年5月21日判決（労判1013・102）では、仕事熱心な上司が部下を叱責したとの事例で、「指導の内容自体は、多くの場合、間違ってはおらず、正しいものであった」としても、「部下を指導する場面でも、部下の個性や能力に配慮せず、人前で大声を出して感情的、かつ、反論を許さない高圧的な叱り方をすることがしばしば」あったことについて、「部下の個性や能力に対する配慮が弱く、叱責後のフォローもないというものであり、それが部下の人格を傷つけ、心理的負荷を与えることもあるパワーハラスメントに当たることは明らか」「指導の内容も正しいことが多かったとはいえるが、それらのこと

を理由に、これら指導がパワハラであること自体が否定されるものではな」いとされています。

　このように、新人看護師への指導がパワーハラスメントになってしまうことがないようにするためには、指導内容のみならず、指導方法についても十分な配慮が必要になります。

　そのため、本設問のようなケースにおいては、ミスの重大性や緊急性に応じてその場において必要な程度の注意をすることが一律に否定されるものではありませんが、場を改めて指導することが可能な場合には場を改めることが適切ですし、患者の面前での叱責により、新人看護師の人格が傷つけられることのないように配慮することが必要と考えられます。

◆パワーハラスメントを防止するために

　職場におけるパワーハラスメントを防止するため、事業主としては、①職場におけるパワーハラスメントを行ってはならないこと等や、これに起因する問題に対する労働者の関心と理解を深めること、②雇用する労働者が他の労働者に対する言動に必要な注意を払うよう研修を実施する等の必要な配慮を行うこと、③事業主自身がハラスメント問題に対する関心と理解を深め、労働者に対する言動に必要な注意を払うこと等の義務が定められています（労働施策推進30の3②③、令2・1・15厚労告5）。

　他方、個々の看護師の意識改革も重要です。パワーハラスメントを防止するために、①パワーハラスメント問題に対する関心と理解を深め、他の労働者に対する言動に必要な注意を払うこと、②事業主の講ずる雇用管理上の措置に協力すること、とされています（労働施策推進30の3④、令2・1・15厚労告5）。また、事業主は、労働者が職場におけるパワーハラスメントについての相談を行ったことや雇用管理上の措置に

協力して事実を述べたことを理由とする解雇その他不利益な取扱いをすることは禁止されていますので（労働施策推進30の2②）、パワーハラスメントを受けた又は見たと感じたら、相談することも大切です。

❀　先輩看護師からのアドバイス　❀

　看護行為は患者の生命に直結する行為である以上、新人のミスは見過ごせないことでしょう。でも、あなたが新人の頃はどうだったでしょう。誰もミスを起こしたくて起こしているのではありません。ミスをした本人が一番後悔しているはずです。新人の陥りやすい傾向を先輩として把握して指導に当たりたいものです。新人がミスをしたときに先輩である自分の指導の在り方も振り返ってみてはどうでしょう。一方的に注意するのではなく、新人が自分でリフレクションできるような心理的安全性も考慮できたらいいですね。

　また、患者にとっては新人、先輩看護師は関係なく、自分に看護を提供してくれる国家資格を持つ看護師に変わりはありません。目の前で先輩看護師に注意されているところなど見たくはないでしょう。看護師を信頼していた患者に不安を抱かせることになりかねません。

Q36　病院の備品を壊してしまったときは？

　トイレでうっかり病院から支給されているPHSを水没させて壊してしまいました。自費で全額を病院に弁償しなければいけないでしょうか。

ポイント

◇業務上のミス等により使用者に損害を与えた場合、損害賠償責任を負うことがあるが、当該賠償責任は制限される可能性がある

◇仮に一部の賠償をしなければならない場合であっても、賃金との相殺は禁止される

A

◆損害賠償責任について

　労働者が、労働義務違反によって使用者に損害を与えた場合、債務不履行に基づく損害賠償責任（民415）を負います。また、労働者の不法行為によって使用者に損害を与えた場合は、不法行為に基づく損害賠償責任（民709）を負うことになります。

　そのため、本設問のように、業務上、使用者から支給されている備品を破損等してしまった場合、上記の債務不履行又は不法行為に基づき、自費で弁償（賠償）する責任が生じる可能性があります。

◆損害賠償責任の制限

　もっとも、いかなる場合であっても全額を弁償（賠償）する義務が生じるものではありません。石油等の輸送等を業とする使用者が、労

働者が業務上に起こした交通事故により使用者の所有するタンクローリーに損害が生じたこと等を理由として損害賠償請求を行った判例で、「その事業の執行につきなされた被用者の加害行為により、直接損害を被り又は使用者としての損害賠償責任を負担したことに基づき損害を被った場合には、使用者は、その事業の性格、規模、施設の状況、被用者の業務の内容、労働条件、勤務態度、加害行為の態様、加害行為の予防若しくは損失の分散についての使用者の配慮の程度その他諸般の事情に照らし、損害の公平な分担という見地から信義則上相当と認められる限度において、被用者に対し右損害の賠償又は求償の請求をすることができる」(最判昭51・7・8判時827・52)とされているように、損害の公平な分担という見地から、相当と認められる範囲においてのみの賠償が認められると考えられます。

　上記最高裁判決以外にも、就業規則上に何ら定めがなく、また、過去に過失に基づく事故について損害賠償請求等をしたことがないという事例下ではあるものの、「原告の従業員の労働過程上の過失に基づく事故に対するこれまでの対処の仕方と実態、被告の原告会社内における地位、収入、損害賠償に対する労働者としての被告の負担能力等後記認定の諸事情をも総合考慮すると、原告は被告の労働過程上の（軽）過失に基づく事故については労働関係における公平の原則に照らして、損害賠償請求権を行使できないものと解するのが相当」、(重過失であったとしても)「雇用関係における信義則及び公平の見地から、……その額を具体的に定めるのが相当」として損害全体の4分の1の限度で賠償請求を認めた事例(名古屋地判昭62・7・27判時1250・8)や、2分の1の限度で賠償請求を認めた事例(東京地判平15・12・12労判870・42)もあります。すなわち、軽過失の場合は損害賠償請求自体が認められず、また、重過失であるとしても、信義則(民1②)に基づき賠償額が減額される可能性があるといえます。

　そのため、本設問の場合には、仮に弁償するとしても全額ではなく一部の弁償でよい可能性があります。

　ちなみに、看護職賠償責任保険に加入している場合には、保険の対象となると思われますので、保険会社に確認してください。

◆その他の留意事項

　なお、仮に使用者が労働者に対し損害賠償請求権を有しているとしても、使用者が一方的に賃金と相殺することはできません（労基法24①、最判昭31・11・2判時95・12等参照）。また、労働者のミス等について、あらかじめ使用者が、一定の違約金や損害賠償額を予定する契約をすることは禁止されています（労基法16）。

❀　先輩看護師からのアドバイス　❀

　実際の施設での対応例を紹介します。

　例えば、本設問のような水没を避けるために、PHSの運用として、落下させないために必ず紐で首から掛けるというルールがあります。ルールを遵守せず、ポケットに入れていて水没した場合には、インシデントレポートでの報告を求めています。なお、故意に破損したことが明確であれば別ですが、事情によっては、本人に弁償までは求めないこともあります。

　逆に、更衣室のロッカーの鍵などを自分の不注意で紛失した場合には、弁償を求めます。

Q37　准看護師と看護師の待遇差は許される？

　私は正職員の准看護師ですが、行っている業務は正職員の看護師とほぼ同じです。同一労働同一賃金という考え方があると聞きましたが、看護師と准看護師の給与や昇進等の待遇に差があるのは許されるのでしょうか。

ポイント

◇法律上、看護師と准看護師とでは、指示受けの必要性の有無が異なる上、教育課程が異なっており、本来求められる役割や業務が異なる

◇同一労働同一賃金は、いわゆる正職員と、短時間・有期雇用・派遣労働者との間の不合理な待遇の相違や差別的取扱いの禁止を定めたものである

◇給与や昇進等の待遇は、看護師と准看護師とに各求められる役割や業務、責任の内容を踏まえ、労働基準法等の労働関係法令の範囲において、各医療機関が個別具体的に定めるものである

A

◆看護師と准看護師

　看護師は「厚生労働大臣の免許を受けて、傷病者若しくはじよく婦に対する療養上の世話又は診療の補助を行うことを業とする」（保助看法5）、准看護師は「都道府県知事の免許を受けて、医師、歯科医師又は看護師の指示を受けて、前条に規定することを行うことを業とする」（保助看法6）とされているように、准看護師は、業務を実施するに当たり、常に指示を受けて行う必要があります。つまり、法律上、看護師

と准看護師とでは、指示受けの必要性の有無が異なります。

　また、教育課程においても、看護師と准看護師とでは内容が異なり、これらの違い等に鑑み、例えば「2021年度改訂版　看護チームにおける看護師・准看護師及び看護補助者の業務のあり方に関するガイドライン及び活用ガイド」(公益社団法人日本看護協会) では、看護師と准看護師の役割について、看護計画の立案・評価、看護管理、療養上の世話の指示を出す他の役割 (リーダー業務等)、及び訪問看護におけるオンコール対応については「看護師が担うべき」とされ、また、新人看護師の実地指導者及び看護師養成所の学生の実習指導については「看護師が行うことが期待」されるとしています。

◆同一労働同一賃金について

　短時間労働者及び有期雇用労働者の雇用管理の改善等に関する法律及び労働者派遣事業の適正な運営の確保及び派遣労働者の保護等に関する法律が改正され、短時間・有期雇用労働者や派遣労働者について、通常の労働者との間で不合理と認められる待遇の相違や、差別的取扱い (派遣労働者については「不利なもの」) をすることが禁止されました (短時有期8・9、労派遣30の3・30の4)。

　もっとも、これらの法改正の目的は、同一の事業主に雇用される通常の労働者と短時間・有期雇用労働者や派遣労働者との間で、不合理と認められる待遇の差異や、差別的取扱いの解消をするものですので、本設問のように、同じ正職員同士の看護師と准看護師との待遇差についての解消等を定めたものではありません。

　また、上記のとおり、求められる役割や業務、責任の範囲や程度に差異が生じると考えられます。

　したがって、看護師と准看護師の給与や昇進の有無等が異なることが法律上許されないということはありません。

❀　先輩看護師からのアドバイス　❀

　どこの施設においても、看護師と准看護師がいる場合には、その業務分担を明確にした管理基準などが必要です。

　例えば、「准看護師は、管理的業務、教育指導等自律的業務を担当しないこととする」「夜勤については、准看護師だけの単独夜勤の編成は行わない」などと明文化します。

　また、待遇面については、看護師と准看護師の給与体系は別になっています。

Q38　准看護師がネームプレートに「看護師」と記載しても大丈夫？

　私は准看護師として働いています。患者から「看護師ではないの？」とよく聞かれるのですが、准看護師について説明してもあまり理解してもらえません。分かりやすいように「看護師」と名乗ったり、「看護師」というネームプレートを付けても問題ないでしょうか。

ポイント

◇看護師でない者は、「看護師又はこれに紛らわしい名称」を使用してはならず、准看護師が看護師を称することはできない

◇看護師と准看護師は異なる資格であり、正確に表示することが求められる

A

◆看護師と准看護師

　看護師は、「厚生労働大臣の免許を受けて、傷病者若しくはじよく婦に対する療養上の世話又は診療の補助を行うことを業とする者」（保助看法5）とされ、准看護師は、「都道府県知事の免許を受けて、医師、歯科医師又は看護師の指示を受けて、前条に規定することを行うことを業とする者」（保助看法6）とされている等、看護師と准看護師は、保助看法上、教育や業務等が異なり、別個の免許となっています。

◆名称の独占

　平成18年の保助看法の一部改正（平成19年4月1日施行）によって「看

護師」及び「准看護師」の名称独占規定が新たに設けられ、看護師で
ない者は、「看護師又はこれに紛らわしい名称」を使用してはならない
こととされました（保助看法42の3③）。「准看護師」についても同様です
（保助看法42の3④）。

　名称独占は、「一般に専門的な資格、業務を識別させ、それに対する
社会的な信用力を確保し、相手方との信頼関係の確立や被害の未然防
止を狙い」とするものと考えられ（「医療安全の確保に向けた保健師助産師
看護師法等のあり方に関する検討会」資料「看護師、助産師及び准看護師の名称
独占について」厚生労働省）、その名称は正確に表示する必要があります。
なお、違反には罰則（30万円以下の罰金）も規定されています（保助看
法45の2一）。

　したがって、「准看護師」が「看護師」と名乗ったり、「看護師」の
ネームプレートを付けて業務を行うことはできません。

Q39　業務中に自分のミスでケガをしたときは？

　患者の歩行介助をしているときに患者がバランスを崩し、私はうっかりしていて支えきれずに一緒に転倒して、患者も私もケガをしてしまいました。自分のミスで負ったケガなので自分の分の治療費は自分で負担する必要があるのでしょうか。

ポイント

◇自分のミスで負ったケガでも、業務災害の場合は原則として労災保険の給付が受けられる

◇労災に該当するケガを負った場合、原則として事業主の証明を受けた上で、本人が労働基準監督署に請求する必要がある

A

◆労災保険給付

　労働者が、業務災害等の労働災害により負傷等した場合、療養補償給付等の労災保険給付の請求を労働基準監督署長宛に行うことで、療養補償給付等の労災保険を受けることができます。

　労災保険を受けることができる災害は、仕事が原因となる①業務災害、②複数業務要因災害と、通勤が原因となる③通勤災害があります（労災法7）。いずれの災害も、被災した労働者本人の単なる過失は問題となりません。そのため、本設問のように、看護師自身がミスをしたことによりケガを負った場合であっても、上記①～③のいずれかに該当する限りは、労災保険が適用され、自己負担分はなく、治療費の全額が労災保険より給付されることになります。

　なお、労働者が、故意に、負傷等し又は負傷等の直接の原因となった事故を生じさせたときは、労災保険は給付されません（労災法12の2の2①）。また、労働者が故意の犯罪行為若しくは重大な過失、又は正当な理由なく療養に関する指示に従わないことにより、負傷等し、又は負傷等の原因となった事故を生じさせたり、負傷等の程度を増進等したときは、労災保険の全部又は一部が給付されない場合があります（労災法12の2の2②）。

　ちなみに、労働者災害補償保険法12条の2の2第2項については、「事故発生の直接の原因となった行為が、法令（労働基準法、鉱山保安法、道路交通法等）上の危害防止に関する規定で罰則の附されているものに違反し又は違反する行為に相当すると認められる場合に適用」とされています（「特別加入者に係る業務上外の認定及び支給制限の取扱いについて」（昭40・12・6基発1591）第2　1(2)）。そのため、少なくとも本設問のように、医療機関に従事している看護師が歩行介助中に支えきれず生じたケガが、同条2項に該当することはないと考えられます。

◆労災保険給付の対象となる具体的なケース

　上記のとおり、労災保険給付がなされる場合は複数ありますが、本設問のような、「業務上の負傷」についての「業務災害」の詳細は以下のとおりです。

　「業務災害」とは、労働者が業務上負傷、疾病、障害又は死亡したことをいいます（労災法7①一）。「業務上」とは、業務と傷病等との間に一定の因果関係があることをいいます（「労災保険給付の概要」厚生労働省・都道府県労働局・労働基準監督署）。

　労働者が、事業主の支配・管理下において業務に従事している場合（労働時間内や残業時間内に、事業場施設内において業務に従事して

いる場合等）は原則として、業務災害と認められます。例外的に、以下の場合には業務災害とは認められないとされています（上記「労災保険給付の概要」）。

① 労働者が就業中に私用（私的行為）を行い、又は業務を逸脱する恣意的行為をしてそれが原因となって災害を被った場合

② 労働者が故意に災害を発生させた場合

③ 労働者が個人的な恨みなどにより、第三者から暴行を受けて被災した場合

④ 地震、台風など天災地変によって被災した場合（ただし、事業場の立地条件や作業条件・作業環境などにより、天災地変に際して災害を被りやすい業務の事情があるときは業務災害と認められます。）

　また、出張や社用の外出等、事業場施設外での業務の場合であっても、事業主の命令を受けて仕事をしている間に負った傷病等であれば、「積極的な私的行為を行うなど特段の事情のない限り」業務災害と認められます（上記「労災保険給付の概要」参照）。

　なお、事業主の支配・管理下にあるが業務に従事していない場合（昼休みや就業時間前後に事業場施設内にはいるものの業務に従事していない場合等）は原則として業務災害には該当しませんが、事業場の設備や管理状況が原因でケガを負った場合等、一定の場合は業務災害になる可能性もあります（上記「労災保険給付の概要」参照）。

◆勤務先から健康保険を使用するように言われた場合

　労働災害である場合、健康保険により治療を受けることはできません（健康保険法55①）。そのため、労働災害であるにもかかわらず、労災保険による給付を受けるための請求を行わずに、健康保険を使用して治療を受けた場合、治療費の全額を一時的に（労災保険給付を受けるまでの間）自己負担する必要があります。

　また、誤って健康保険を使用してしまった場合、加入している健康保険組合等が負担している医療費を一旦返還した上で労災保険を請求するか、又は医療機関において労災保険に切り替える手続のいずれかを行う必要がありますので留意が必要です。

　労災保険の手続は被災した者自ら行うことができ、事業主の証明については、勤務先が事業主証明を拒否する等やむを得ない場合は、なくてもよいとされています（「労災保険　請求（申請）のできる保険給付等」厚生労働省・都道府県労働局・労働基準監督署）ので、業務災害等に該当する場合は、自ら労働基準監督署に請求するようにしましょう。

❀　先輩看護師からのアドバイス　❀

　別の例として、採血後の針をリキャップして針刺し事故を起こしたケースを紹介します。

　そのケースでは、採血後の針は、本来携帯用針廃棄ボックスに捨てることになっていますが、やってはいけないリキャップをしてしまい自分の指に針を刺してしまったケースでした。この場合でも、業務中の事故ですので労災保険の対象となります。

　具体的な労災保険申請の例としては、事故発生後、①直属の上司に報告、②労災保険申請に必要な「現認書」を上司等に記載してもらう、③産業医の診察を受けて必要な採血検査等をして「診断書」を発行してもらう、④「労災保険5号用紙」を記載、⑤②〜④を一緒に庶務課などへ提出、といった流れが考えられます。

Q40　看護師も副業できる？

近時、普通の企業では副業が認められることが多くなってきたと聞いていますが、看護師も病院の勤務時間外であれば副業をしてもよいのでしょうか。

ポイント

◇副業が認められるかは、勤務先の就業規則等のルールによる
◇副業する場合、過労等により本業に影響のないよう自ら留意する必要がある

A

◆副業について

これまで多くの医療機関では、業務がおろそかになること、情報漏えいのリスクがあること等を理由として、原則として副業を認めていないケースが多かったと考えられます。そして、医療機関に雇用されている看護師は、医療機関の就業規則等において副業禁止とされている場合、当該医療機関に無断で副業を行うことは、就業規則等の違反になる可能性があるため、本設問のように勤務時間外といえども、勝手に行うことはできません。

もっとも、厚生労働省の「副業・兼業の促進に関するガイドライン」（令和2年9月改定版）では、副業について、「原則……認める方向とすることが適当である」とした上で、「副業・兼業を禁止、一律許可制にしている企業は、副業・兼業が自社での業務に支障をもたらすものかどうかを今一度精査したうえで、そのような事情がなければ、労働時間

以外の時間については、労働者の希望に応じて、原則、副業・兼業を認める方向で検討することが求められる」とされています。また、同ガイドラインでは、副業に関する裁判例において、「労働者が労働時間以外の時間をどのように利用するかは、基本的には労働者の自由であること」「例外的に、労働者の副業・兼業を禁止又は制限することができるとされた場合としては

① 　労務提供上の支障がある場合

② 　業務上の秘密が漏洩する場合

③ 　競業により自社の利益が害される場合

④ 　自社の名誉や信用を損なう行為や信頼関係を破壊する行為がある
　　場合

が認められている」とされていることを踏まえ、

　　「就業規則において、

・原則として、労働者は副業・兼業を行うことができること

・例外的に、上記①〜④のいずれかに該当する場合には、副業・兼業
　を禁止又は制限することができることとしておくこと

等が考えられる」とされています。そのため、近年では、一定の業務内容に限定したり、又は許可制とした上で副業が解禁されている医療機関もあるようです。

◆副業を行いたい場合

　副業を希望する場合、まずは自身が勤務している医療機関の副業に関するルール（就業規則等）を確認する必要があります。医療機関によっては、許可制となっている場合もありますので、このような副業を行うに当たってのルールを遵守する必要があります。

　また、副業が認められている場合であっても、副業による過労によって健康を害したり、業務に支障を来したりすることがないよう、自

ら本業である医療機関の業務量との調整や、自らの健康状態をきちんと管理する必要があります。

　なお、労働者災害補償保険法が改正され（令和2年9月1日施行）、複数の会社等で勤務している労働者の方々への労災保険給付の取扱いが変わり、休業等した場合、全ての勤務先の賃金額を基に保険給付額が定められるようになったほか、労災認定も全ての勤務先の負荷（労働時間やストレス等）が総合的に評価されて、認定の有無が定められるようになっています。

◆その他の留意点

　看護師は保助看法や就業規則等に基づき業務上の守秘義務を負っていますから、副業先において情報の漏えい等を行ってはいけません。

　また、公務員については、原則として副業は禁止されています（地方公務員法38①、国家公務員法103①）。ただし、一律に禁止されているものではなく、「任命権者の許可を」受けて（地方公務員の場合。国家公務員の場合は「所轄庁の長の申出により人事院の承認を得た場合」（国家公務員法103②））行うことは可能とされています。

✿　先輩看護師からのアドバイス　✿

　医療機関によっては、副業（兼業）の許可基準が明確になっていることもあります。例えば、勤務時間内は原則許可されませんが、「当該業務が社会的・地域的に貢献度が高く、設置主体若しくは自施設の運営に貢献するもの」であれば有給休暇を利用するなどとして許可される等といった許可基準です。具体的にどのような場合に許可されるかは、施設によって様々であることが考えられますが、例としては、以下のようなものについて許可するとして

いる例があります。

① 　国、地方公共団体又は政府関係機関に置かれる審議会、協議会等に関するもの

② 　学術振興会・研究活動として、医療の向上に寄与するための学会等に関するもの

③ 　教育活動として、医療従事者の技術向上、地域住民の保健衛生知識の普及啓発に関わる講習会、研修会等に関するもの

④ 　任命権者等が認めるもの等

Q41　うつ病になってしまったときは？

　プライベートでいろいろな問題があり、うつ病になってしまいました。一旦休職して治療に専念したいと思いますが、どうすればよいでしょうか。プライベートではなく過労が原因でうつ病になってしまった場合はどうでしょうか。また、復職したいときにはどうすればよいでしょうか。

ポイント

◇私傷病の場合は、休職できるかどうかは医療機関の定めによるため、勤務先の就業規則等を確認する必要がある
◇業務上災害と認定されれば、療養のために仕事を休むことができ、賃金を受けていない場合は休業補償給付等を受けることができる
◇復職に当たっては、勤務先とよく相談する

A

◆休職とは

　休職とは、法律上の定めがあるものではありませんが、一般的に、「業務外での疾病等主に労働者側の個人的事情により相当長期間にわたり就労を期待し得ない場合に、労働者としての身分を保有したまま一定期間就労義務を免除する特別な扱い」をいうとされています（「モデル就業規則」令和3年4月版、厚生労働省労働基準局監督課）。休職に関する定めをする場合は労働契約の締結に際し、労働者に「休職に関する事項」を明示しなければならないとされています（労基法15①、労基規5①十一）。

　休職については、これを認めるかどうか、認める場合の期間や復職については、いずれも労働基準法等上の定めはなく、使用者が定めることとなるため、本設問のように、業務外の個人的事情でうつ病になったようなケースで休職できるかは、自身の勤務する医療機関の就業規則等を確認する必要があります。

◆業務上災害の場合

　業務上の事由（極めて長い労働時間の勤務等）により病気になったようなケースでは、労働者災害補償保険により、休業し、また、休業期間においては休業補償給付等（賃金を受けていないときに休業の4日目から支給されます（労災法14①）。）を受けることができます。

　精神障害の場合、労働災害と認められるためには、①認定基準の対象となる精神障害を発病していること（適応障害、うつ病や急性ストレス反応等を含みます。）、②認定基準の対象となる精神障害の発病前おおむね6か月の間に、業務による強い心理的負担が認められること、③業務以外の心理的負荷や個体側要因により発病したとは認められないことを満たす必要があり、②については、「業務による具体的な出来事があり、その出来事とその後の状況が、労働者に強い心理的負荷を与えたこと」をいうとされています（「精神障害の労災認定」厚生労働省・都道府県労働局・労働基準監督署）。精神障害の労災補償を受けられるかどうかについては、各都道府県労働局か労働基準監督署に相談する必要があります。

◆復職について

　精神障害にて休職や休業をした場合、復帰時には勤務先から、主治医による職場復帰が可能という判断が記された診断書の提出等を求められたり、産業医との面談を求められるケースもあります。職場復帰

に当たっては、安全でスムーズな復帰をするために、自身の状況等を
職場によく理解してもらう必要があると考えられますので、職場ときちんとコミュニケーションをとることが望ましいと考えられます。

✿　先輩看護師からのアドバイス　✿

　実際の対応例を紹介します。
　在籍中に病気になってしまった場合、診断書に基づき自宅療養、入院等、医師の指示に従って療養できるようにしています。手続としては、数日でよい場合は本人の意向も確認して有給休暇で処理します。長期になる場合は、病気休職（給与全額補償、日数制限あり）、その後も休職が必要な場合は、病気休職が延長されますが、給与の減額、日数の上限もあります。また、実労働日数が減少するためボーナスへの影響は出てきます。
　休職からの復帰時には、医師の診断書だけではなく産業医面接を経由して職場復帰としています。適応障害等の場合は、状況により配置換えの対応も検討します。また、リハビリ出勤として4時間勤務、日勤、夜勤と拡大していく場合もあります。

Q42　契約社員と正職員の違いは？

　病院の契約社員の募集に応募しようと考えていますが、契約社員として採用される場合と正職員として採用される場合とで、法的にはどのような違いがあるのでしょうか。

ポイント

◇契約社員の場合、契約期間の定めが存在する
◇有期契約労働者について、通常の労働者との間で不合理と認められる相違や、差別的取扱いをすることが禁止されている

A

◆有期労働契約とは

　契約社員とは、一般的に、期間の定めのある労働契約（「有期労働契約」（労働契約法17①））を締結している労働者をいいます（ただし、後述のように無期転換した場合、期間の定めのない契約社員となる場合もあります。）。有期労働契約の契約期間上限は原則として3年ですが（労基法14①）、高度な専門的な知識や技術、又は経験を有する者（労働基準法第14条第1項第1号の規定に基づき厚生労働大臣が定める基準（平15・10・22厚労告356）では、医療に関する資格では医師、歯科医師、薬剤師が該当するものとして定められ、看護師は該当するものとして定められていません。）や、満60歳以上の者と有期労働契約を締結する場合、例外的に5年の契約期間とすることが認められています。また、契約期間以外の労働条件については、労働関連法規の範囲内で、医療機関側が定めることとなります。

◆同一労働同一賃金について

　契約社員と正職員とでは給与等の待遇面に差異が生じるケースが多いと考えられます。もっとも、短時間労働者及び有期雇用労働者の雇用管理の改善等に関する法律が改正され、有期雇用労働者等について、通常の労働者との間で不合理と認められる相違や、差別的取扱いをすることが禁止されました（短時有期8・9）。

　ただし、あくまで「不合理と認められる差異」を設けてはいけないとされており、一切の差異が許されないものではありません。例えば、ガイドライン（「短時間・有期雇用労働者及び派遣労働者に対する不合理な待遇の禁止等に関する指針」平30・12・28厚労告430）では、①基本給について、「労働者の能力又は経験に応じて支給しているＡ社において、ある能力の向上のための特殊なキャリアコースを設定している。通常の労働者であるＸは、このキャリアコースを選択し、その結果としてその能力を習得した。短時間労働者であるＹは、その能力を習得していない。Ａ社は、その能力に応じた基本給をＸには支給し、Ｙには支給していない」ケース、②賞与について「Ａ社においては、通常の労働者であるＸは、生産効率及び品質の目標値に対する責任を負っており、当該目標値を達成していない場合、待遇上の不利益を課されている。その一方で、通常の労働者であるＹや、有期雇用労働者であるＺは、生産効率及び品質の目標値に対する責任を負っておらず、当該目標値を達成していない場合にも、待遇上の不利益を課されていない。Ａ社は、Ｘに対しては、賞与を支給しているが、ＹやＺに対しては、待遇上の不利益を課していないこととの見合いの範囲内で、賞与を支給していない」ケース、③手当について「役職の内容に対して支給しているＡ社において、通常の労働者であるＸの役職と同一の役職名であって同一の内容の役職に就く短時間労働者であるＹに、所定労働時間に比例した役職手当（例えば、所定労働時間が通常の労働者の半分の短時間労働者にあっては、通常の労働者の半分の役職手当）を支給している」ケース、④休暇について「Ａ社においては、長期勤続者を対象とする

リフレッシュ休暇について、業務に従事した時間全体を通じた貢献に対する報償という趣旨で付与していることから、通常の労働者であるXに対しては、勤続10年で3日、20年で5日、30年で7日の休暇を付与しており、短時間労働者であるYに対しては、所定労働時間に比例した日数を付与している」ケースについて、問題ない例として挙げられています。

◆無期転換

　同一の使用者（医療機関等）との間で、有期労働契約が5年を超えて更新された場合、有期契約労働者からの申込みにより、期間の定めのない労働契約（無期労働契約）に転換されます（労働契約法18①）。

　例えば、契約期間が1年の場合、5回目の更新後の1年間に無期転換の申込権が発生します。有期契約労働者が使用者に対して無期転換の申込みをした場合、無期労働契約が成立し、使用者はこれを断ることはできません。

❀　先輩看護師からのアドバイス　❀

　実際のところ、プライベートの問題で勤務条件が希望と一致したからという理由で契約社員に応募される方がいらっしゃいます。もちろん、その場合は当該勤務条件による契約社員になります。

　もっとも、施設によっては、その後、本人の希望で正職員と同様、勤務制限の条件を無しに変更することもあります。勤務制限がなくなったからといって、正職員に雇用変更されるとは限りません。勤務評価等で高い成果の評価によっては、時給制から月給制に昇格する場合もあります。

　そういった対応の有無などは、施設によって異なりますので、事前に確認しておくとよいでしょう。

Q43　外国で免許を取得した看護師が日本で働くためには？

　私は外国で看護師免許を取得していますが、日本でも看護師として働けるでしょうか。

ポイント

◇日本で看護師として働くためには、日本の看護師国家試験に合格し、厚生労働大臣の免許を受ける必要がある
◇外国人の方が日本で就労する場合は、適切な在留資格の交付を受ける必要がある

A

◆日本で看護師として働くためには
　日本で看護師として働くためには、日本の看護師国家試験に合格し、厚生労働大臣の免許を受ける必要があります（保助看法7③）。
　外国で看護師免許を取得していたとしても、その免許によって、日本で看護師として働くことはできません。

◆看護師国家試験の受験資格
　看護師国家試験を受けるためには、保助看法21条各号に定められている要件を満たす必要があります。
　外国において看護師免許を受けている場合は、厚生労働大臣に対して申請を行い、日本の看護師学校養成所を卒業した者と同等以上の知識及び技能を有する者であるとの認定を受けることによって、国家試験の受験手続を進めることができます（保助看法21五）。

　なお上記認定においては、教育を受けた当該外国看護師学校養成所の教育環境や当該国の国家試験制度、看護師免許取得の有無等のほか、申請者が日本の中学校及び高等学校を卒業していない場合は日本語能力試験N1の認定を受けていることが基準として挙げられています（基準の詳細については厚生労働省のウェブサイト「看護師国家試験受験資格認定について」を参照してください。）。

◆外国人の方が日本で就労する場合

　外国人の方の日本での就労は、その在留資格の範囲内において認められています。看護師として働く場合は、「医療」若しくは「特定活動（EPA看護師）」又は就労活動に制限のない「永住者」「日本人の配偶者等」「永住者の配偶者等」「定住者」の在留資格を有している必要があります。

　事業主においては、外国人の方の雇入れ及び離職の際に、氏名、在留資格、在留期間等を確認し、厚生労働大臣に届け出ることが義務付けられています（労働施策推進28①）。この届出は外国人の方を対象としており、「日本人の配偶者等」の在留資格が付与されている方についても、日本国籍を取得していない限りは、届出の対象となります。

◆EPA看護師とは

　日本は、インドネシア、フィリピン、ベトナムの3か国との間で、経済連携協定（EPA）に基づき、日本の看護師資格の取得を目指す看護師候補者の受入れを実施しています。

　看護師候補者となるには、当該国の看護師資格を保有し、実務経験を有するなどの要件を満たす必要があり、選考等を経てマッチングが成立すると、受入れ体制の整備された病院で就労しながら看護師国家試験の合格を目指すことになります。

　看護師候補者が看護師国家試験に合格し、看護師免許を受けると、在留資格をEPA看護師に変更することができるようになります。

❀　先輩看護師からのアドバイス　❀

　外国人看護師の採用時には、文化の違い等にも十分留意して、契約内容を書類で丁寧に説明をして同意を得ておくことが重要です。また、組織図、職務内容等についても、自国ではどうであったかなど国による違いに注意して聞きながら、日本における病院のルールを説明していくことも、後々の解釈の相違を防ぐことにつながるでしょう。

Q44　病院では何歳まで働ける？

　私はもうすぐ60歳になり、勤務先の病院で定年を迎えますが、定年後も看護師として働くことはできるのでしょうか。

ポイント

◇事業主は、原則として65歳までは継続雇用等の義務があるため、働くことは可能

◇65歳から70歳までについても、事業主には継続雇用等の努力義務があるため、勤務先の制度を確認する

A

◆65歳までの雇用確保義務

　事業主が定年を定める場合、その定年年齢は60歳以上としなければなりません（高年雇用8）。また、定年が65歳未満の場合、①65歳までの定年の引上げ、②定年制の廃止、③65歳までの継続雇用制度（再雇用制度や勤務延長制度等）のいずれかの措置を講じなければなりません（高年雇用9）。

◆継続雇用時の労働条件等

　上記③の適用者は、原則として希望者全員とされており、例外的に心身の故障のため業務に堪えられないと認められること、勤務状況が著しく不良で引き続き従業員としての職責を果たし得ないこと等就業規則に定める解雇事由又は退職事由（年齢に係るものを除きます。）に該当する場合には、継続雇用しないことができる（「高年齢者雇用確保措

置の実施及び運用に関する指針」平24・11・9厚労告560）とされています。

　また、その職務内容を含めた労働条件については、定年後の継続雇用につき事務職から清掃等の単純労務職への配置転換を提示されたという事例において、「定年後の継続雇用としてどのような労働条件を提示するかについては一定の裁量がある」としながらも、「提示した労働条件が、無年金・無収入の期間の発生を防ぐという趣旨に照らして到底容認できないような低額の給与水準であったり、社会通念に照らし当該労働者にとって到底受け入れ難いような職務内容を提示するなど実質的に継続雇用の機会を与えたとは認められない場合においては、当該事業者の対応は改正高年法の趣旨に明らかに反するものであるといわざるを得ない」「60歳以前の業務内容と異なった業務内容を示すことが許されることはいうまでもないが、両者が全く別個の職種に属するなど性質の異なったものである場合には、もはや継続雇用の実質を欠いており、むしろ通常解雇と新規採用の複合行為というほかないから、従前の職種全般について適格性を欠くなど通常解雇を相当とする事情がない限り、そのような業務内容を提示することは許されない」（名古屋高判平28・9・28判時2342・100）と判示されています。

　そのため、本設問においては、上記裁判例のような例外的な事情がない限り、65歳までは看護師として勤務可能と考えられます。

　ただし、上記裁判例にもあるとおり、職務内容の変更を含めた労働条件の変更が一切許されないものではなく、「継続雇用後の労働条件については、高年齢者の安定した雇用を確保するという高年齢者雇用安定法の趣旨を踏まえたものであれば、最低賃金などの雇用に関するルールの範囲内で、フルタイム、パートタイムなどの労働時間、賃金、待遇などに関して、事業主と労働者の間で決めることができます」（「高齢者雇用安定法Q＆A（高年齢者雇用確保措置関係）」厚生労働省）とされています。

　なお、上記③の義務は、平成25年4月1日までに既に労使協定により
適用対象者を限定等する基準を定めていた場合には、令和7年3月31日
までに段階的に引き上げればよいとされています（高年雇用平24法78改
正附則③）。

◆70歳までの就業機会の確保について

　また、令和3年4月1日より改正高年齢者等の雇用の安定等に関する
法律が施行され、上記65歳までの雇用確保義務に加え、70歳までの就
業機会の確保の努力義務が設けられました（高年雇用10の2）。

　事業主は、①70歳までの定年の引上げ、②定年制の廃止、③70歳ま
での継続雇用制度（再雇用制度や勤務延長制度等）の導入、④70歳ま
で継続的に業務委託契約を締結する制度の導入、⑤70歳まで継続的に
社会貢献事業に従事できる制度の導入のいずれかの措置を講じる努力
義務が課せられています。

　具体的にどのような制度を設けているかは、医療機関により異なる
と考えられますので、自身の勤務先医療機関の制度を確認する必要が
あります。

Q45　妊娠したときの働き方は？

妊娠したことが分かったのですが、現在の病棟は激務なため、病棟の異動と夜勤の免除を希望しています。そのようなことを勤務先病院にお願いすることは可能でしょうか。

ポイント

◇妊娠した場合、軽易な業務への転換や夜勤の免除を希望することは可能であり、勤務先病院は、これに応じる必要がある
◇妊娠中は、体質・体調の著しい変化によって、身体にも大きな影響があるため、勤務先病院には必要な配慮を申し出る

A

◆母性保護規定

労働基準法や雇用の分野における男女の均等な機会及び待遇の確保等に関する法律により、妊娠中の女性については、様々な母性保護規定が定められています。

例えば、

① 妊娠中の女性が請求した場合には、他の軽易な業務に転換させなければならない（労基法65③）

② 妊娠中の女性や産後1年を経過しない女性が請求した場合には、時間外労働や休日労働、深夜業（午後10時から午前5時までの間の就業）をさせることはできない（労基法66②③）

とされていますので、妊娠した看護師が軽易な業務への転換や夜勤の免除を希望した場合は、勤務先病院としてはこれに応じる必要があり

ます。なお、勤務先病院としては、「軽易な業務への転換」をすればよいので、必ずしも本設問のように「異動」を伴う必要まではありません。また、通達（昭61・3・20基発151）によれば、「新たに軽易な業務を創設して与える義務まで課したものではない」とされていますので、個人クリニック等で軽易な業務への転換が難しい場合は、業務内容や勤務時間の配慮により、負担を軽減することも考えられます。

◆その他の制度

　上記のような、異動や夜勤の免除のみならず、法律上、働く妊娠した女性が活用できる制度は以下のものがあります。なお、産前産後休業及び育児休業については、Q46を参照してください。

① 保健指導又は健康診査を受けるための時間の確保

　　事業主は、女性労働者が妊産婦のための保険指導又は健康診査を受診するために必要な時間を確保することができるようにしなければならないとされています（男女雇用機会均等法12）。例えば妊婦検診を受ける場合、当該検診の受診時間や、医療機関への往復時間等がこれに当たります。回数や時間については、厚生労働省委託母性健康管理ウェブサイト「妊娠・出産をサポートする女性にやさしい職場づくりナビ」（https://www.bosei-navi.mhlw.go.jp/gimu/houkoku.html（2022.1.12））を参照してください。

② 指導事項を守ることができるようにするための措置

　　妊娠中及び出産後の女性労働者が、健康診査等を受け、医師等から指導を受けた場合は、その女性労働者が、その指導を守ることができるようにするために、事業主は、勤務時間の変更・短縮や勤務の軽減等の措置を講じなければならないとされています（男女雇用機会均等法13）。例えば、通勤に関し時差通勤を認めたり、勤務時間の短縮、混雑の少ない経路への変更といった配慮が考えられます。

　また、医師等から休憩に関する措置について指導を受けた旨妊娠中の女性労働者から申出があった場合には、事業主はその女性労働者が適宜の休養や補食ができるよう、休憩時間を長くする、回数を増やす等休憩に関して必要な措置を講じなければなりません。

　このような指導を医師等から受けた場合、妊娠中の看護師としては、勤務先病院へ的確にその内容を伝えられるようにするため、「母性健康管理指導事項連絡カード」を利用することが考えられます。

③　時間外労働や休日労働の制限

　本設問のような深夜業のみならず、妊娠中及び産後1年を経過しない女性が請求した場合、時間外労働や休日労働をさせることもできません（労基法66②）。

Q46　産休・育休を取得するときは？

　出産に当たり休業したいのですが、産休や育休を取得するに当たっては、どのようなことに気を付ければよいでしょうか。

ポイント

◇様々な制度があるため、勤務先に自分の取得できる休業制度を確認した上で、勤務先所定の取得の申出等の手続をとる必要がある

◇特に、育休の取得は原則希望日の1か月前までに申し出る必要があり、また、育休を延長する場合、2週間前までに申出が必要となることに留意する

A

◆産前・産後休業

　使用者は、6週間（多胎妊娠の場合は14週間）以内に出産する予定の女性が休業を請求した場合は、その者を就業させてはならず（労基法65①）、産後8週間を経過しない女性を就業させてはならない（労基法65②）とされています（ただし、産後6週間を経過した女性が請求した場合において、医師が支障がないと認めた業務に就かせることは可能です。）。

　すなわち、産前については任意的に、産後については原則8週間（少なくとも6週間以内においては本人の希望の有無を問わず）、休暇を取得することができます。なお、「産前休業は出産予定日の6週間前から請求があれば取得でき」るとされていますので（「働きながらお母さんになるあなたへ」令和3年10月厚生労働省都道府県労働局）、例えば実際の出産日

が予定日の1週間後となり、6週間を超えたような場合であっても、出産前の休暇は産前休業として扱われ、欠勤扱い等にすることはできません。また、出産日も産前休業に含まれます。

◆育児休業

　1歳に満たない子を養育する親である労働者は、申し出た期間、原則として子を養育するために休業することが可能です（育介法5①）。

　また、①育児休業に係る子が1歳に達する日（1歳の誕生日の前日。以下も同様です。）において、労働者本人又は配偶者が育児休業をしている場合や②1歳を超えても休業が特に必要と認められる場合は、子が1歳に達した日の翌日から子が1歳6か月に達する日までの期間について、事業主に申し出ることにより、育児休業をすることができます（育介法5③）。②の特に必要と認められる場合とは、㋐保育所等における保育の利用を申し込んだものの、入所できない場合や、㋑常態として子の養育を行っている配偶者（育児休業に係る子のもう一人の親である者）が死亡、負傷、疾病等、離婚等により子を養育することができなくなった場合をいいます（育介規6）。また、1歳6か月から2歳に達するまでの子について、1歳6か月の時点で同様に①②を満たす場合、子が1歳6か月に達した日の翌日から2歳に達する日までの期間について、上記同様に育児休業をすることができます（育介法5④、育介規6の2）。

　さらに、両親ともに育児休業する場合で、①育児休業を取得しようとする労働者の配偶者が、子の1歳に達する日以前において育児休業をしており、②育児休業開始予定日が、子の1歳の誕生日以前であって、③育児休業開始予定日が、配偶者がしている育児休業の初日以降の場合、育児休業の対象となる子の年齢が、原則1歳に満たない子から原則1歳2か月に満たない子に延長されます（育介法9の2①②・5①。パパ・ママ育休プラス）。例えば、母親が、子が1歳になる前日まで育児休業を取得し

た後、2か月間父親が育児休業を取得するといったことが可能です。なお、ここでいう配偶者とは、法律上の配偶者のみならず、事実上婚姻関係と同様の事情にある者を含むとされています（育介法2四）。

◆パパ休暇

　育児休業の取得は原則1回までですが、子の出生後、父親（現に監護する特別養子縁組の成立について家庭裁判所に請求中等の場合の労働者も含みます。）が8週間以内に育児休業を取得した場合、特別の事情がなくとも再度育児休業の取得が可能です（育介法5②）。

◆休暇取得の留意点

　育児休業については、希望日から取得するためには原則として1か月前までに申し出る必要があります。また、子が1歳6か月までの育児休業の場合は、育児休業開始予定日（1歳の誕生日。パパ・ママ育休プラスの場合は終了予定日の翌日）の2週間前までに申し出ることが必要です（育介法6③）。この期間内に申出がなされなかった場合、事業主は、一定の範囲内で育児休業の開始日を指定することができます（育介法6③）。

　そのため、育児休業の取得に当たっては、医療機関における申出のルール等をよく確認する必要があります。なお、医療機関においては、人員配置等の都合もあると考えられますので、上記のような法律上の取得請求日にかかわらず、妊娠が分かった段階で、出産予定日や休業の予定を早めに申し出ることが望ましいと考えられます。

Q47　親の介護のため休業するときは？

　自分の親も高齢になり介護の必要が出てきたのですが、親の介護のために勤務先病院から休暇等を取得することはできるでしょうか。

ポイント

◇要介護状態の家族がいる場合、介護休業や休暇が取得可能
◇取得に当たっては申出が必要となるため、勤務先所定の取得の申出等の手続を取る必要がある

A

◆介護休業

　介護休業とは、負傷、疾病又は身体上若しくは精神上の障害により、2週間以上の期間にわたり常時介護を必要とする状態（要介護状態）にある家族を介護するためにする休業をいいます（育介法2二・三、育介規2）。

　(1)　介護休業を取得できる労働者

　介護休業を取得することができる対象家族は、配偶者（事実上婚姻関係と同様の事情にある者を含みます。）、父母、子、祖父母、兄弟姉妹、孫及び配偶者の父母（育介法2四、育介規3）です。

　期間を定めて雇用されている労働者は、申出時点において、介護休業開始予定日から起算して93日を経過する日から6か月を経過する日までの間に、労働契約期間が満了することが明らかでない場合は介護休業を取得することができます（育介法11①ただし書）。

　なお、期間の定めなく雇用されている場合であっても、労使協定を

締結している場合、入社1年未満の労働者や、申出の日から93日以内に雇用期間が終了する労働者、1週間の所定労働日数が2日以下の労働者等は対象外となる可能性があります（育介法12②・6①ただし書・②、育介規24、平23・3・18厚労告58）ので、自身の勤務先の定めを確認する必要があります。

(2)　休業期間及び取得回数

介護休業を取得するためには、労働者は、事業主に対し、その旨を申し出る必要があります。取得できる期間や回数は、対象家族1名につき、3回まで、かつ通算93日まで休業できます（3回までであれば、分割して取得することも可能です。）（育介法11②）。

(3)　取得の方法

介護休業を希望日から取得するためには、介護休業を開始しようとする日の2週間前までに申し出ることが必要です。この期間までに申出がなかった場合、事業主は一定の範囲で休業を開始する日を指定することができます（育介法12③）。ただし、期間を定めて雇用される労働者の介護休業の場合で、一定の労働契約期間の末日まで休業した後、労働契約の更新に伴って更新後の労働契約期間の初日を介護休業開始予定日とする申出をする場合には、2週間前までに申出がなかった場合でも、事業主は開始日の指定をすることはできず、申出どおりの日から休業を開始できます（育介法12④）。

なお、労働者は、休業終了予定日の2週間前までに申し出ることにより、事由を問わず、1回に限り休業を終了する日を繰下げ変更、つまり介護休業の期間を延長することができます（育介法13・7③、育介規27）。

◆介護休暇

介護休暇とは、要介護状態にある対象家族（家族の範囲は上記の介護休業と同様です。）の介護や世話を行う労働者に対し与えられる休暇であり、年次有給休暇とは別に取得が可能です（育介法16の5①）。た

だし、日々雇用されている者は取得できないほか、労使協定を締結している場合、入社6か月未満の労働者や、1週間の所定労働日数が2日以下の労働者等は対象外となる可能性があります（育介法16の6②・6①ただし書・②、育介規24、平21・12・28厚労告509第2　2(3)、平23・3・18厚労告58）ので、自身の勤務先の定めを確認する必要があります。

　要介護状態にある対象家族の介護や世話をする労働者は、事業主に申し出ることにより、1年度において5日（その介護、世話をする対象家族が二人以上の場合は10日）を限度として取得することができます（育介法16の5①）。なお、介護休暇については時間単位での取得が可能です（育介法16の5②、育介規40）。

❀　先輩看護師からのアドバイス　❀

　介護休暇は、育児休業と異なり、突然必要となることがあります。日頃から家族で話し合っておくことが重要です。手続等は病院により多少の違いがありますので担当部署に確認が必要です。

　以下、実例の一つを紹介します。

① 　日常生活を営むのに支障がある者の介護を一定期間（2週間程度）以上必要とする場合に適用
② 　対象家族は配偶者（事実上婚姻関係と同様の事情にある者を含む）、父母、子供（養子含む）、配偶者の父母、祖父母・孫・兄弟姉妹
③ 　給与は支給なし
④ 　期間は通算して6か月、回数は要介護状態ごとに3回まで
⑤ 　介護休暇を開始しようとする日の2週間前までに「介護休業申出書」に診断書等の必要書類を添付して職場の長を経由して人事担当部署に提出

Q48 病院の指示で休日に研修に参加したときは？

病院からの指示で土曜日に医療安全管理者養成研修に参加したのですが、これは休日労働の扱いになりますか。

ポイント

◇休日労働か所定休日の勤務かは就業規則等の定めによる

◇研修であっても、病院の指示により参加した場合は労働時間に含まれる

A

◆休日労働とは

使用者は、少なくとも毎週1日の休日か、又は、4週間を通じて4日以上の休日を与えなければなりません（労基法35①②）。

この休日のことを法定休日といい、当該法定休日に勤務した場合、休日労働として、割増賃金の対象となります（労基法37）。法定休日がいつであるかは、通常、医療機関の就業規則等により定められていますが、定めることに法的義務があるものではないため、定めがない場合もあります。ちなみに、通達においては「労働条件を明示する観点及び割増賃金の計算を簡便にする観点から、就業規則その他これに準ずるものにより、事業場の休日について法定休日と所定休日の別を明確にしておくことが望ましい」とされています（「労働基準法の一部を改正する法律の施行について」平21・5・29基発0529001）。法定休日の定めがない場合で、かつ、一週間の始期の定めもない場合、「法定休日が特定されていない場合で、暦週（日～土）の日曜日及び土曜日の両方に労働した場合は、当該暦週において後順に位置する土曜日における労働が

法定休日労働となる」(「改正労働基準法に係る質疑応答」厚生労働省)とされていることからすると土曜日が法定休日になるとも考えられますが、他方、「週休2日制の成り立ちにかんがみ、旧来からの休日である日曜日が法定休日であると解するのが一般的な社会通念に合致すると考えられることからすれば、他に特段の事情の認められない本件においては、日曜日をもって法定休日とする黙示的な定めがあったものと解するのが相当」として日曜日が法定休日と解釈された裁判例もありますので(東京地判平23・12・27労判1044・5)、一義的に定まるものではなく、勤務する医療機関に確認する必要があります。そのため、本設問のように土曜日に勤務したことをもって休日労働となるかは医療機関によることとなります。

　この法定休日については、労働者の過半数で組織する労働組合か労働者の過半数を代表する者との労使協定において、休日労働について定め、行政官庁に届け出た場合には休日労働をさせることが認められます(労基法36①)。

◆研修への参加

　また、「労働時間の適正な把握のために使用者が講ずべき措置に関するガイドライン」(平29・1・20基発0120第3)では、労働時間について、「使用者の指揮命令下に置かれている時間のことをいい、使用者の明示又は黙示の指示により労働者が業務に従事する時間は労働時間に当たる」とした上で、「参加することが業務上義務づけられている研修・教育訓練の受講や、使用者の指示により業務に必要な学習等を行っていた時間」は労働時間と扱うよう定められています。

　そのため、本設問のような研修への参加についても、病院の指示により参加した場合は労働時間として扱われることとなります。

❀　先輩看護師からのアドバイス　❀

　実際の例としては、「職員の資質向上を目的とした研修などの参加に関する内規」があり、病院として必要と認めた研修などに参加する場合は「出張」扱いとしています。当然、病院から指示された研修の場合も同様です。また、「認定看護師研修」「特定行為研修」受講の場合などは、別途助成制度があり、出張扱いのほかに受講費用などの助成も受けられるようにしています。

Q 49　交通事故で罰金刑を受けたときは？

　自動車を運転中に人身事故を起こしてしまい、過失運転致傷罪で罰金になってしまいました。医療とは関係のない事故の場合でも、看護師の免許に関して保助看法上の行政処分を受けてしまうことはありますか。

ポイント

◇罰金以上の刑に処せられた場合は、交通事犯であっても保助看法上の行政処分の対象となる

◇行政処分の内容は、医道審議会の答申を受けて決定される

A

◆保助看法上の行政処分とは

　保助看法14条は、看護師が罰金以上の刑に処せられた場合や業務に関する不正の行為があった場合、又は看護師としての品位を損するような行為があったとき等には、厚生労働大臣が、①戒告、②3年以内の業務の停止、③免許の取消しといった処分をすることができると規定されています。

　この行政処分は、裁判所の司法手続による損害賠償責任（民事責任）や刑事罰（刑事責任）とは全く別個の処分であり、看護業務が免許による独占業務とされていること等に鑑み、看護倫理の観点から、その免許取得者について適性等を問うものです。

　そこで、「保健師助産師看護師に対する行政処分の考え方」（平成28年12月14日改正、医道審議会保健師助産師看護師分科会看護倫理部会）では、「当

該業務に関する不正の行為等について、当該社会的責務に相応する国民の信頼を失墜させ、看護師等としての品位に欠け、職業倫理に反するような行為である場合については、司法処分の有無に関わらず、保健師助産師看護師法に基づく行政処分を行うこととする」等とされています。

◆行政処分の内容はどうやって決まるか

厚生労働大臣が処分を決定するに当たっては、あらかじめ医道審議会の意見を聴かなければなりません（保助看法15）。

そして、諮問を受けた医道審議会（保健師助産師看護師分科会看護倫理部会）では、「生命の尊重に関する視点、身体及び精神の不可侵性を保証する視点、看護師等が有する知識や技術を適正に用いること及び患者への情報提供に対する責任性の視点、専門職としての道徳と品位の視点を重視して審議」され、「司法処分の量刑や刑の執行が猶予されたか否かといった判決内容を参考にしつつ、その事案の重大性、看護師等に求められる倫理、国民に与える影響等の観点から」、個別かつ公正に処分内容についての意見を決定するとしています（前記「保健師助産師看護師に対する行政処分の考え方」参照）。

行政処分は、この医道審議会の答申を受けて決定されます。なお、医道審議会では、行政処分に至らない「厳重注意」という行政指導が適当であるとする答申がされる場合もあります。

◆交通事犯の場合

保助看法上、医療との関係の有無を問わず、罰金以上の刑に処せられた場合は、行政処分の対象とされています。よって、本設問のように交通事犯による罰金の場合でも行政処分の対象となります。

そして、前記「保健師助産師看護師に対する行政処分の考え方」で

は、医道審議会における交通事犯の場合の考え方として、特に警察等への通報や被害者を救護せずそのまま逃走した事犯の場合には、「悪質であり、行政処分に当たっては、看護師等としての資質及び適性を欠くものでないかどうかを十分に検討し、相当の処分を行うべきである」とされています。

　逆に、こうした悪質性がない場合には、比較的軽い処分等の意見が答申されることになると考えられます。

　なお、事案の詳細は分かりませんが、実際の医道審議会における平成31年以降の答申事例をみると、「過失運転致傷及び道路交通法違反」の場合について「業務停止6月」又は「業務停止1年6月」、道路交通法違反を伴わない「過失運転致死傷」の場合には「戒告」、と答申されている例があります。

第 5 章

医療過誤に関する
法的ポイント

162

Q50　医療過誤訴訟で看護記録はどう使われる？

　医療事故について訴訟になった場合、看護記録はどのように使われますか。また、訴訟で使われる場合に備えてどのような点に留意すべきでしょうか。

ポイント

◇医療事故等が生じて訴訟になった場合、看護記録は客観的な事実経過等を認定する上で重要な証拠となる

◇看護記録に記載がされていないと、実際には実施していた看護であったとしても、訴訟において、当該実施が認定されない可能性がある

◇各医療機関において、看護記録の記載の仕方等についてルールを定め、記載基準を明確にする

A

◆看護記録とは

　看護記録は、病院が備えるべき「診療に関する諸記録」（医療22二・22の2三、医療規21の5二・22の3二）の一つです。また、保険医療機関の場合、「入院基本料に係る看護記録」として、看護体制の1単位ごとに患者の個人記録と看護業務の計画に関する記録を作成する必要があります（「基本診療料の施設基準等及びその届出に関する手続きの取扱いについて」令2・3・5保医発0305第2）。さらに、訪問看護ステーションの場合、訪問看護計画書及び訪問看護報告書を作成する必要があります（指定居宅サービス等の事業の人員、設備及び運営に関する基準70、指定訪問看護の事業の人員

及び運営に関する基準17)。

　なお、看護記録の保存期間については、医療法施行規則20条10号などでは2年間とされていますが、保険医療機関の場合は、保険医療機関及び保険医療養担当規則9条本文によって、療養の給付の担当に関する記録として3年間の保存義務があります。

◆訴訟における看護記録

　医療事故等が生じて訴訟になった場合、看護記録は客観的な事実経過等を認定する上で重要な証拠となります。裁判例でも、「看護記録は、医療従事者である看護師によって看護行為の過程で規則的、経時的に作成されるものであるから、それが後日改変されたと認められる特段の事情がない限り、その内容どおりの事実があったと認めるのが相当である」（宮崎地判平26・7・2判時2238・79）とされており、実施した看護の内容が看護記録に記載されていなかったり、記載が不明確又は不適切な記載等があると、訴訟において問題となる場合があります。

　例えば、患者が病院に対し、褥瘡の予防及び治療について必要とされる適切な措置が講じられなかった旨を主張して、慰謝料の支払を求めた事例（高松高判平17・12・9判タ1238・256）では、患者が高熱を出して意識障害を起こした以降の約6日間、病院の看護師らによって、2時間ごとの体位変換を中心とする褥瘡予防措置がとられていたか否かが一つの争点となりました。

　この点について、病院側は、体位変換の実施については、看護計画に記載していたものの、当該看護計画を既に廃棄してしまったと主張していたのですが、裁判所は、病院の看護記録では、患者の体位変換について、一部記載があるが当該一部の記載以外に体位変換がされたことの記載がないとした上で、看護師が「2時間毎の体位変換は、看護計画（引継ぎのためのカーデックス）に記載されていたので、体位変

換をした際、痛みを訴える等異常があったときにのみ、その旨看護記録に記載し、異常がなかった場合は記載しなかったためである」と証言した点について、「カーデックスも既に廃棄してしまって存在せず、上記証言を裏付けるものは他になく、看護記録にもその記載がないので、被控訴人（注：病院）の主張する2時間毎の体位変換がなされたことを積極的に認めることは困難である。」として、体位変換の事実を認定しませんでした。この事例では、看護計画が記載されたカーデックスも保存されておらず、看護記録にも記載がされていなかったために、当該看護の実施が認められなかったのです。

　また、看護記録の記載に当たっては、合理的な記載を心掛けるとともに、記載者によって記載の有無や記載方法が異ならないよう、各医療機関において記載の仕方についてガイドライン等を作成し、記載基準を明確にすることが望ましいと考えられます。例えば、手術後に、患者に対しどの程度の重量の砂のうをいつまで乗せていたかといった安静の状況が争点の一つとなった事例（静岡地沼津支判平21・2・25（平19（ワ）676））では、看護記録の日勤の欄に「砂のうにて圧迫す」、準夜勤の欄にも「砂のう固定ずれなし」、深夜勤の欄にも「固定ずれなし」との記載がそれぞれあることから、患者側は午後3時15分頃から翌日の午前9時30分頃までの約17時間もの間砂のうを乗せていたと主張したのに対し、病院側は、上記看護記録の記載について、砂のうは術後1時間ないし1時間30分の時間帯に外すのがルーティンワークであって、そのような事項は看護記録に記載しないのが通例であるとした上で、準夜勤の記載は1時間ごとの巡回を経た準夜勤あるいは深夜勤の各終わりの頃に勤務時間帯における総括事項が記載されると説明し、実際には、砂のうは、準夜勤の最初の巡回（午後4時から4時30分の間）に除去していると主張しました。しかし、裁判所は、砂のう除去の時期として、病院の主張する午後4時30分という点について、診療録や看護

記録上は砂のう除去に関する記述が全くされておらず、病院の主張を客観的に裏付ける証拠は存しないこと、ルーティンワークに属する事項であるはずの砂のうによる止血措置について、看護師が、準夜勤の最初の巡回で既に砂のうを除去済みであるというのに、準夜勤の勤務における総括事項として「砂のう固定ずれなし」と記載した合理的な理由は見出し難い等と判示し、準夜勤の終わり頃（翌午前0時頃）までは砂のうが置かれていた可能性が高いとした上で、「血栓予防のために1時間から2時間の間に外すべきであったのに、2時間を優に超える長時間乗せたままの状態にして血栓予防措置を怠った」と認定しています。

　このように、看護記録の記載内容が不適切であると、裁判になった場合、病院の主張する事実経過が認定されない可能性があります。

　なお、看護記録の改ざんは、民事訴訟において証拠としての信用性が否定される可能性がありますし、刑事罰や行政処分の対象となる可能性もありますので、絶対に行ってはいけません。

❀　先輩看護師からのアドバイス　❀

> 　病院によっては、看護記録に関するマニュアルが整備されて運用されています。マニュアルの構成は、病院によって多少の違いはありますが、マニュアルを一読し、所属する病院の看護記録に対する考え方を理解しておくとよいでしょう。

Q51　患者から医療過誤の賠償金を請求されたときは？

　私のミスで医療過誤を起こしてしまいました。患者には病院が責任を持って賠償する旨を説明しているのですが、患者は私に対して激怒しており、個人的に賠償しろと要求されています。私個人で患者に対して賠償すべき責任があるのでしょうか。

ポイント

◇ミスをした本人は、患者に対して個人として損害賠償責任を負うこともある

◇患者は、病院から賠償金全額を受け取っているときは、ミスをした個人に対して二重に賠償金を請求することはできない

A

◆損害賠償責任の根拠は

　医療過誤における損害賠償責任の根拠には、大別して①医療契約の債務不履行責任（民415①）に基づくもの、②ミスをした行為者の不法行為責任（民709）に基づくものの二種類があります。

◆債務不履行責任は誰が負うのか

　まず、①の債務不履行責任に基づく損害賠償責任は、医療契約の当事者である病院（正確には病院の設置主体です。）が負うものであり、ミスをした看護師が個人的にこの根拠に基づく責任を患者に対して負うことはありません。

◆不法行為責任は誰が負うのか

　しかし、②の不法行為責任に基づく損害賠償責任は、原則としてミスをした本人が負うものであるため、ミスをした看護師は、個人的にこの根拠に基づく損害賠償責任を患者に対して負うことになります。

　もっとも、②の不法行為責任に関しては、ミスをした行為者のみならず、その使用者である病院や使用者に代わる監督者も原則として損害賠償責任を負うものとされています（民715）。この病院等が負う責任は、使用者責任等と呼ばれています。

◆誰が患者に損害賠償するかはどうやって決まるのか

　上述のとおり、病院は債務不履行責任や使用者責任に基づいて損害賠償責任を負い、ミスをした看護師は不法行為責任に基づいて損害賠償責任を負うことになります。

　そして、損害賠償を請求する側である患者は、誰に対してどの根拠による損害賠償責任を問うかを選択することができます。つまり、医療過誤による損害を、病院に請求するか、ミスをした看護師個人に請求するか、病院と看護師個人の双方に請求するかは、患者が決めることができます。

　そのため、本設問のように、患者が病院ではなくミスをした看護師に対し、不法行為責任を根拠として損害賠償を請求することも原則として可能なのです。

◆病院が患者に賠償した場合はどうなるのか

　患者は、病院とミスをした看護師のいずれにも損害賠償を請求することができますが、請求できる賠償額は、合計として損害額を超えることはできません。

　例えば、損害額が100万円であるときに、病院及びミスをした個人か

ら50万円ずつ受け取ることはできますが（合計100万円になります。）、双方から100万円ずつ受け取ることはできません（これでは合計で200万円受け取ることになってしまい、二重取りになってしまいます。）。

　そのため、患者が、既に病院から損害額に見合う賠償金を全額受け取っているときは、ミスをした看護師に対して更に損害賠償を請求することはできません。

◆患者が病院からの賠償金を受け取らない場合は

　患者はあえて病院からの賠償金を受け取らず、ミスをした看護師に対して個人的に賠償するよう請求することも可能です。

　その場合の看護師の対応としては、病院に弁済供託してもらうということが考えられます。弁済供託とは、債務の本旨に従った適法な弁済の提供をしたにもかかわらず、債権者がこれに応じなかった場合（これを受領拒否といいます。）等に、債務の目的物を供託所（法務局）に供託することによって、債務を免れることができる制度です。

　つまり、患者が病院からの賠償金の受領を拒否した場合には、病院に賠償金を供託してもらうのです。そうすることによって、患者から看護師個人への賠償請求に対しては、既に賠償金は供託されているので負うべき債務はないとして対抗することができます。

◆看護職賠償責任保険の利用

　看護師個人が患者から訴訟提起されて、損害賠償を請求されるケースは実際にあります。

　看護師個人が患者から損害賠償請求された場合、前述の供託を含め、病院から様々な協力・支援を受けられる場合もありますが、そうでない場合は、個人的に賠償金を負担しなければならない事態となることも考えられます。また、対応を弁護士に委任した場合には弁護士費用

の負担も生じ得ます。

　そのため、看護師もそのような場合に備えて看護職賠償責任保険に加入しておくことが望ましいといえます。

✿　先輩看護師からのアドバイス　✿

　看護師は、各施設にある「看護基準」、「看護手順」等のマニュアルを遵守し、正確な看護技術を提供する必要があります。院内のマニュアルを遵守せず、そのために有害事象が発生した場合、患者側から、マニュアルを遵守しなかったことをもって「ミス」だと訴えられてしまうことも考えられます。

Q52　勤務先から医療過誤の賠償金を請求されたときは？

　医療過誤を起こしてしまい勤務先のクリニックを解雇されてしまいました。その後さらに、クリニックが患者に支払った賠償金を私に支払えという内容証明郵便がクリニックの院長から送られてきました。私はクリニックに対してその賠償金を支払わなければならないのでしょうか。

ポイント

◇ミスをした看護師は、勤務先クリニックから、クリニックが患者に支払った賠償金を請求されてしまう場合がある

◇ただし、ミスをした本人といえども、クリニックが患者に支払った賠償金の全額を負担する必要はない

◇ミスをした看護師がクリニックに対して支払うべき額は、その事案における具体的な事実関係に応じて個別に決まる

A

◆患者に対する損害賠償責任関係（対外的関係）は

　Q51で解説したとおり、看護師のミスで医療過誤が生じた場合、患者に対して、勤務先クリニックは使用者責任等に基づいて損害賠償責任を負い、ミスをした看護師は不法行為責任に基づいて損害賠償責任を負うことになります。

　このように、勤務先クリニックとミスをした看護師は、いずれも患者に対して損害賠償責任を負っていますが、クリニックの使用者責任

と看護師の不法行為責任による各損害賠償責任は、法的には連帯債務と呼ばれる関係になっています。

　この連帯債務とは、患者に対しては、それぞれが損害額全額を支払う責任を負っていますが、どちらかが賠償した場合、その分について他方は患者に対する賠償責任を免れるという関係のことをいいます。つまり、例えば患者の損害額が100万円である場合、勤務先クリニックが使用者責任に基づいて患者に100万円を賠償したら、看護師は患者に賠償しなくてよいことになるわけです。

◆勤務先クリニックと看護師の関係（対内的関係）は

　上述の例で、ミスをした看護師は、勤務先クリニックが全額賠償したことによって、患者に対して賠償金を支払う義務は免れましたが、法的責任の全てが消えたわけではありません。使用者責任に基づいて患者に100万円全額を支払った勤務先クリニックは、ミスをした本人である看護師に対して、患者への支払によって勤務先クリニックが被った損害を請求することができるのです。これを求償権といいます。

　もっとも、勤務先クリニックが看護師に求償できる範囲は、勤務先クリニックが被った損害全てではなく、信義則上相当と認められる限度に限られます（最判昭51・7・8判時827・52）。

◆信義則上相当と認められる限度はどう決まるのか

　勤務先クリニックからの求償を受け得る範囲＝求償が信義則上相当と認められる限度は、個別の事案ごとに、その事案における具体的な事実関係等に照らして、損害の公平な分担という見地から決まります。

　この点について、最高裁判所は、「その事業の性格、規模、施設の状況、被用者の業務の内容、労働条件、勤務態度、加害行為の態様、加害行為の予防若しくは損失の分散についての使用者の配慮の程度その

他諸般の事情」を考慮すると判示しています（前掲最判昭51・7・8）。

　そこで、前述の患者の損害額が100万円であるとした例で、上記の最高裁判例が指摘したような諸般の事情に照らして信義則上相当と認められる求償範囲について、例えば、損害額の4分の1が限度であると認められると仮定した場合には、患者に100万円賠償した勤務先クリニックが看護師に求償できる額は25万円が限度ということになります。

◆看護職賠償責任保険の重要性

　病院やクリニックは、病院賠償責任保険等を利用して患者に対する賠償金を支払う場合がほとんどですので、ミスをした看護師に対して求償することはないのが通常です。また、仮に、クリニック等に損害が発生したとしても、勤務を継続している看護師に対して求償することは政策的に控えるのが一般的といえます。

　しかし、看護師のミスによって医療過誤が生じ、これによって勤務先クリニック等が現実に損害を被った場合、勤務先クリニック等は、前述のとおり、法的にはミスをした本人である看護師にその損害の一部を請求できる立場にあります。そして、本設問のように、ミスをした看護師が解雇等によって退職した後に請求を受ける事例は実際にあります。

　そこで、例外的場面とはいえ、万が一の場合に備えるためには、看護職賠償責任保険に加入しておくべきであるといえます。

Q53　医療過誤で刑事告訴されるとどうなる？

　私が起こしてしまった医療過誤について、刑事告訴されてしまいました。刑事告訴という言葉は聞いたことがあるのですが、実際、どのような意味があるのか分からず不安です。刑事告訴されると私は今後どうなってしまうのでしょうか。

ポイント

◇刑事告訴は、捜査開始のきっかけとなる
◇医療過誤であることが間違いなくても、被害者と示談が成立し、告訴が取り下げられた場合等には、不起訴となる可能性もある
◇仮に略式命令請求によって起訴された場合は、簡易裁判所に罰金を納付するという手続になる

A

◆刑事告訴（告訴）とは

　告訴とは、犯罪被害者等の告訴権者が、捜査機関に対して犯罪事実を申告し、犯人の処罰を求める意思表示のことをいいます。ちなみに、これを告訴権者以外の第三者がする場合は、告訴ではなく告発といいます。また、単なる犯罪事実の申告のみの場合は、被害届といいます。

　告訴は、後述するとおり、捜査の端緒の一つとされています。

　また、告訴は、名誉毀損罪のような親告罪については訴訟条件とされており、告訴がなければ起訴することができません。

　もっとも、医療過誤で問題となる業務上過失致死傷罪（刑211）は親告罪ではありませんので、告訴がなくても起訴することができます。

◆捜査の端緒とは

　捜査の端緒とは、平たくいえば、捜査が開始されるきっかけのことです。捜査の端緒は様々あり、告訴はその一つとなります。告発や被害届も同様に捜査の端緒となります。他にも、匿名での通報やマスコミ報道、異状死体に関する医師法21条の届出等も捜査の端緒になることがあります。

　逆にいえば、医療過誤事案では、仮に告訴がなかったとしても、捜査機関が別のきっかけで捜査を開始することはあり得ます。前述のとおり、医療過誤で問題になる業務上過失致死傷罪は、告訴がなくても起訴できる非親告罪だからです。

◆刑事告訴されるとどうなるか

　告訴された場合の刑事手続の流れの概要は、下図のとおりです。

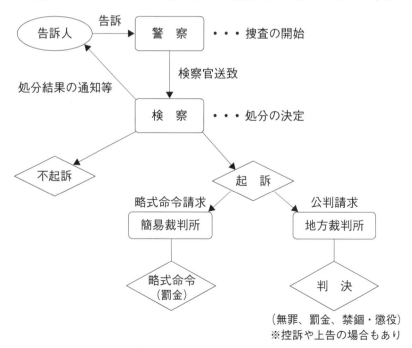

　まず、告訴が捜査機関に受理されると、捜査が開始されます。そして、警察は一通り捜査をすると、事件を検察官に送致します。

　次に、検察官は、事件について起訴するか不起訴とするかの処分を決定します。検察官は、嫌疑不十分などで起訴しても有罪にならないであろうと考えられる場合だけでなく、起訴すれば有罪となり得る場合であっても、様々な事情を考慮して起訴を猶予し、不起訴処分とすることができます（刑訴法248）。

　したがって、仮に医療過誤を起こしたことが間違いない場合であっても、例えば、被害者と示談が成立し、告訴も取り下げられているといった場合等には、そういった諸事情がしんしゃくされ、起訴猶予として不起訴処分になる場合もあります。

　なお、告訴のあった事件については、検察官は、起訴・不起訴の処分を決定したら、告訴人に処分結果を通知しなければなりません（刑訴法260）。また、不起訴処分にした場合には、請求があれば告訴人に対して不起訴にした理由を告知することになっています（刑訴法261）。

◆起訴された場合

　検察官が起訴するに当たっては、いわゆる法廷を開いて裁判を行うような形ではなく、簡易裁判所で罰金を納付する略式命令を請求する形で起訴する場合があります。自動車の速度制限違反で、反則金にとどまらず罰金にまで至ってしまったような場合等が略式命令が請求される典型例です。そして、医療過誤事件が業務上過失致死傷罪で起訴される場合も、略式命令で罰金という例が比較的少なくないとされています。

　もっとも、略式命令という簡易な手続によるものであったとしても、罰金刑で有罪であるという事実に変わりはありません。そして、略式命令を受ければ、「罰金以上の刑に処せられた者」として、看護師に対

する行政処分の対象となります（保助看法14）。

　したがって、例えば、取調べにおいて、略式命令で済むのであればと安易に考えて、事実と異なる自白をする等の不適切な対応をすることがあってはいけません。

❀　先輩看護師からのアドバイス　❀

　患者家族にとってみれば、医療過誤によって引き起こされた患者の状態を受け入れることができるはずもなく、私たち医療従事者に怒りをぶつけてこられるでしょう。私たちがその怒りに誠実に対応していく中で、時間経過とともに、私たちが患者をとても大事にしていることをご理解いただき、示談が成立することもあります。

Q54　医療過誤が刑事事件になってしまったときは？

　医療過誤により患者が死亡してしまいました。私としては、私がミスしてしまった後で医師が適切に処置してくれていれば少なくとも死亡結果は回避できたと思っています。この事故が刑事事件になってしまい、病院の顧問弁護士が対応してくれるとのことなのですが、医師の話ばかり聞いて、看護師である私の話はあまり聞いてくれません。どうしたらよいでしょうか。

ポイント

◇刑事事件では、原則として各個人の刑事責任が問題となる
◇病院の顧問弁護士は、組織としての病院の法的利益を守る立場にあり、必ずしも個人の法的利益を守ってくれるわけではないので、刑事事件については、自分の弁護士を依頼する

A

◆刑事事件について

　医療過誤により患者が死亡した場合、刑事事件としては、業務上過失致死傷罪（刑211）が問題となります。

　そして、使用者責任等といった病院の損害賠償責任が問題にされることが多い民事事件と異なり、刑事事件においては、基本的に行為者個人の刑事責任が問題とされます。また、本設問のように、複数人が関与している場合には、各人の事件に対する関与の度合いとともに、患者の死亡という結果についての当罰性の高さ、すなわち、関与者の中で罰せられるべき者は誰かという観点も重要になってきます。

　そのため、刑事事件に関しては、関与者の間で利益対立が生まれ得

るということに留意する必要があります。

　なお、刑事手続の流れについてはQ53を参照してください。

◆病院の顧問弁護士の立場について

　病院（又はその設置主体）は、日常の法律相談等について弁護士と顧問契約を締結している場合があります。こうした委任を受けている弁護士のことを顧問弁護士と呼んでいます。そして、医療過誤が起きた場合等にも、病院は、事案の法的対応について顧問弁護士に相談するのが一般です。

　しかし、病院の顧問弁護士は、あくまで組織としての病院の法的利益を守るために活動する立場にあり、必ずしも病院に勤めている個々の医療職の個人的な法的利益を守る立場にあるわけではありません。

　したがって、医療過誤について法的責任が問題となった場合、病院の顧問弁護士は、組織としての病院の法的利益にかなう範囲では、医療職個人を守る活動を行うこともできますが、逆に、病院の利益と医療職個人の利益が相反するような場合には、病院を守るためにむしろ医療職個人に厳しい対応をすることもある立場にあることに留意する必要があります。

◆刑事事件の場合は自分の弁護士を依頼すべき

　以上のように、刑事事件の場合は、民事事件の場合と異なり、個人の責任について利益相反が起きやすい形で問題となることが考えられます。

　そのため、万一、自らが刑事事件の対象となる可能性がある場合には、病院の顧問弁護士を頼るのではなく、自分の法的利益を守るための弁護士を個人で依頼することが必要になります。ただし、刑事事件の弁護士費用は、一般に賠償責任保険の対象外とされており、自ら負担する必要がある点には注意が必要です。

看護師の日常業務で
知っておきたい
法的ポイントQ&A

令和4年2月15日　初版発行

編著　荒　井　俊　行

発行者　新日本法規出版株式会社
代表者　星　　謙一郎

発行所　新日本法規出版株式会社

本　　社　（460-8455）　名古屋市中区栄1－23－20
総轄本部　　　　　　　　　電話　代表　052(211)1525
東京本社　（162-8407）　東京都新宿区市谷砂土原町2－6
　　　　　　　　　　　　　電話　代表　03(3269)2220
支　　社　札幌・仙台・東京・関東・名古屋・大阪・広島
　　　　　　高松・福岡
ホームページ　https://www.sn-hoki.co.jp/

ISBN978-4-7882-8969-7
5100207　看護師ポイント　　　　　Ⓒ荒井俊行 2022 Printed in Japan